Hans Purrmann und Wilhelm Wittmann

Briefe 1901–1909

Edition Purrmann Briefe 1

Herausgegeben vom
Hans Purrmann Archiv

Hans Purrmann und Wilhelm Wittmann
Briefe 1901–1909

Bearbeitet von
Adolf Leisen und Jürgen Vorderstemann

Mit einem Beitrag von
Felix Billeter

DEUTSCHER KUNSTVERLAG

Herausgeber, Autoren und Verlag danken der Hans Purrmann Stiftung in München und der Erbengemeinschaft nach Dr. Robert Purrmann für die freundliche Unterstützung.

Inhalt

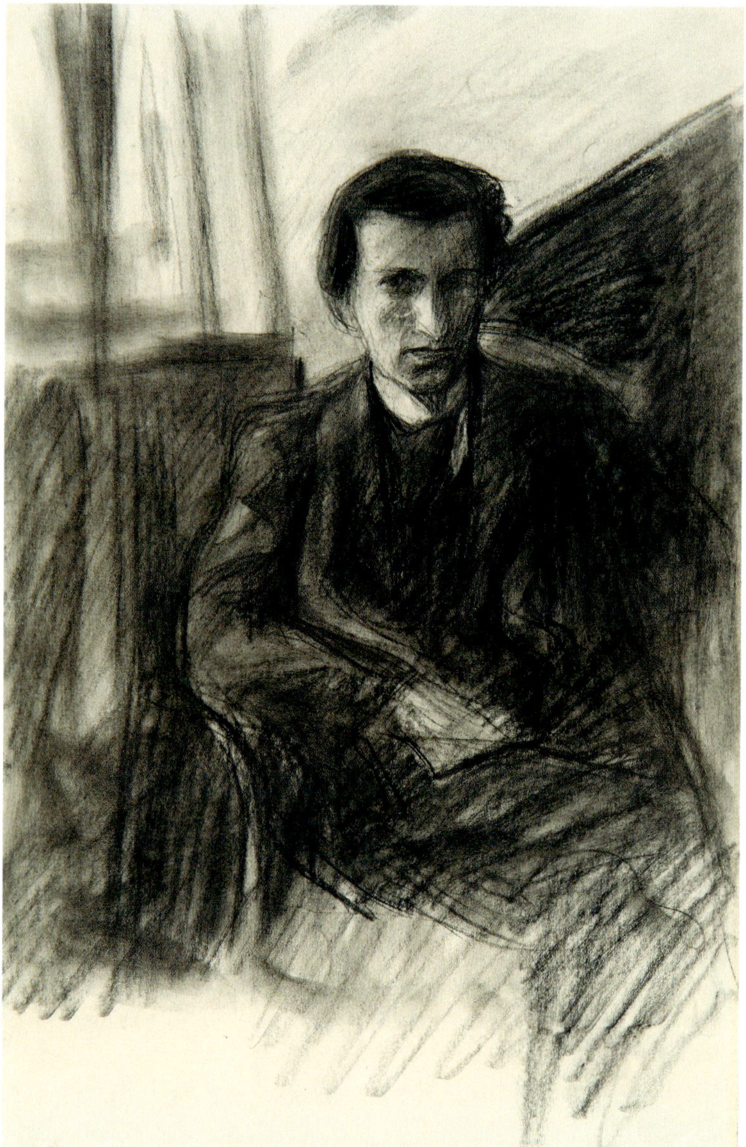

Hans Purrmann, Bildnis Wilhelm Wittmann, um 1903, Kohle auf Papier, 33 x 21 cm, Privatbesitz

Vorwort und Dank

Der Briefwechsel zwischen den so unterschiedlichen Freunden aus der Pfalz, dem angehenden Maler Hans Purrmann und dem jungen Juristen und Dichter Wilhelm Wittmann aus den Jahren 1901 bis 1909, wird hier erstmals publiziert, wobei sich die Gegenbriefe Wittmanns leider nicht mehr erhalten haben. Welche besondere Bedeutung Purrmann dieser ungewöhnlichen Freundschaft zumaß, schrieb er 1957 an die ehemalige Witwe Wittmanns: »Was ich Ihrem früheren Mann zu verdanken habe, ist ungeheuer viel. Schon in früher Jugend ist er mir ein Freund geworden und ich habe sehr viel von ihm für meine Ausbildung gewonnen, denn es war sehr großzügig von ihm, sich für mich zu interessieren, denn ich war ein vollkommen ungebildeter Mensch [...] Nie in unserem Leben war die Freundschaft getrübt, wenn auch oft die Zeiten dazwischen lagen, wo die Umstände es verhindert haben, dass wir in ständigem regem Verkehr lebten.« Aus diesem Grund hatte das Purrmann-Haus in Speyer bereits 2002 eine Ausstellung unter dem Titel »Wilhelm Wittmann (1881–1910), ein Freund Purrmanns« veranstaltet.

Bei den Recherchen wurde in der Pfälzischen Landesbibliothek ein Foto Wittmanns wiederentdeckt, welches sich als Pendant zu dem schon bekannten Foto von Purrmann herausstellte. Beide Freunde haben sich wohl um 1903, jeder in eine anderer Richtung gedreht, in demselben schweren Lehnstuhl vor einem alten Bauernschrank ablichten lassen. Es lassen sich noch Dinge wie eine Gipsbüste auf dem Schrank erkennen, oder auch eine Postkarte auf dem gerahmten Bildchen an der Wand. Vielleicht war es Purrmanns Bude in München? Es scheint die Absicht bestanden zu haben, ein Freundschaftsbild anzufertigen. Wer wollte, konnte beide Aufnahmen nebeneinander stellen, wie nun auf dem Buch-Umschlag geschehen, ein Symbolon im alten Sinne.

Um diese Zeit, nicht undenkbar sogar, dass es zum gleichen Zeitpunkt geschah, zeichnete Purrmann auch seinen Freund, wie er aufmerksam und freundlich am Fenster gegen das Licht sitzt. Diese Kohle-Zeichnung ergeht sich nicht in Detailgenauigkeit, sondern in der Helldunkelverteilung und achtet besonders darauf, mit Licht das Gesicht des Freundes zu modellieren, auch ein Freundschaftsbild, das Wittmann und seine Familie bis heute bewahrt haben.

Mit der Publikation dieser Briefe beginnt die Reihe der Brief-Editionen aus dem Hans Purrmann Archiv in München. Der Maler war ein talentierter Briefe-Schreiber und auch Vielschreiber, er unterhielt mit den unterschiedlichsten Persönlichkeiten rege Briefwechsel, in den Nachkriegsjahren im Tessin beschäftigte er sogar eine Sekretärin, Elisabeth Heintz, um seine Korrespondenz bewältigen zu können. Es finden sich sehr dichte Briefwechsel mit seiner Frau Mathilde Vollmoeller, seinen drei Kindern, darunter besonders mit seinem Sohn Robert, sowie der weiteren Verwandtschaft, hier wäre vor allem die Antikenhändlerin Heidi Vollmoeller, seine Nichte, zu nennen. Aber natürlich auch mit Kollegen wie Eduard Bargheer, Heinrich Brüne, Hermann Croissant, Karl Einhart, Gino de Finetti, Werner Gilles, Rolf von Hoerschelmann, Gerhard Marcks, Georg Meistermann, Rolf Müller-Landau, Emy Roeder, Ernst Schumacher, Toni Stadler, Ernst Straßner oder mit Schriftstellern wie Ernst Collin, Kasimir Edschmid, Johannes Guthmann, Hermann Hesse, Ossip Kalenter, auch mit Museumsleuten wie Heinz Braune, Guido Fischer, Carl M. Kiesel, Eduard Hausen, Ernst Wiese, mit Kunsthistorikern und Kritikern wie Erhard Göpel, Werner Haftmann, Gotthard Jedlicka, Hanna Kiel, Hans Kinkel, Karl Scheffler, Herbert Siebenhüner, mit Kunsthändlern wie Paul Cassirer, Charles de Burlet, Theo Hill oder Lucas Lichtenhan oder mit Sammlern wie Kurt Brandes, Franz Josef Kohl-Weigand oder Hugo Max oder mit Staatsmännern wie Theodor Heuss.

Es wird für die Zukunft geplant, in unregelmäßigen Zeitabständen und mit unterschiedlichen Autoren die Briefwechsel jeweils mit einer bestimmten Person oder auch zu einem Personenkreis zu publizieren. Der 2011 erschienene Briefwechsel mit Hermann Hesse ist dabei das erfolgreiche Pilotprojekt und auch das Muster für die weiteren Editionen.

Der jetzt vorliegende erste Band der Edition Purrmann-Briefe stellt eine fruchtbare Zusammenarbeit zwischen dem Hans Purrmann Archiv in München und dem Purrmann-Haus in Speyer dar.

Adolf Leisen, dem ehemaligen und sehr verdienstvollen Leiter des Purrmann-Hauses, ist die Entdeckung des Konvoluts und auch die Idee zu verdanken, die Briefe an Wittmann wegen ihres hohen Informationswertes zu veröffentlichen und möglicherweise mit einer Ausstellung in Speyer zu verbinden. Aber nicht nur dies: Er war es, der gemeinsam mit Jürgen Vorderstemann die schwierige Arbeit der Transkription von Purrmanns Handschrift, Datierung und Chronologie der Briefe übernommen hat sowie auch einen sehr instruktiven Beitrag beisteuerte.

Jürgen Vorderstemann, bis Ende 2012 Leiter des Purrmann-Hauses, ist sehr für die Textfassung und Kommentierung der Briefe, seinen grundlegenden Beitrag zu Wittmann und auch die Begleitung der Drucklegung zu danken.

Unverzichtbar für die Publikation war die kompetente konzeptionelle und redaktionelle Mitarbeit von Maria Leitmeyer, die seit 2013 Kustodin des Purrmann-Hauses ist.

Des Weiteren sind Herausgeber und Autoren zu Dank verpflichtet: Frau Eleonore Herbst (Speyer), der Nichte Wilhelm Wittmanns, ihrer Tochter Henriette Herbst-Löhlein (Ettlingen), die durch Bereitstellung der Postkartenkarikaturen und anderer Materialien sowie durch wichtige Hinweise Hilfestellung geleistet haben; ferner Herrn Alfred Jülich und Herrn Wolfgang Germann (Speyer) sowie dem Landesbibliothekszentrum Rheinland-Pfalz/Pfälzische Landesbibliothek, Speyer, und dem Stadtarchiv Speyer. Außerdem gilt unser Dank Herrn Johannes Doerr, Druckmedien Speyer GmbH, für die Druckvorlagen der Karikaturen Wittmanns.

Ganz besonders danken möchten wir Herrn Rudolf Winterstein vom Deutschen Kunstverlag Berlin/München für sein Engagement ebenso wie der Lektorin Isabella Krüger.

August 2013
Hans Purrmann Archiv
Felix Billeter

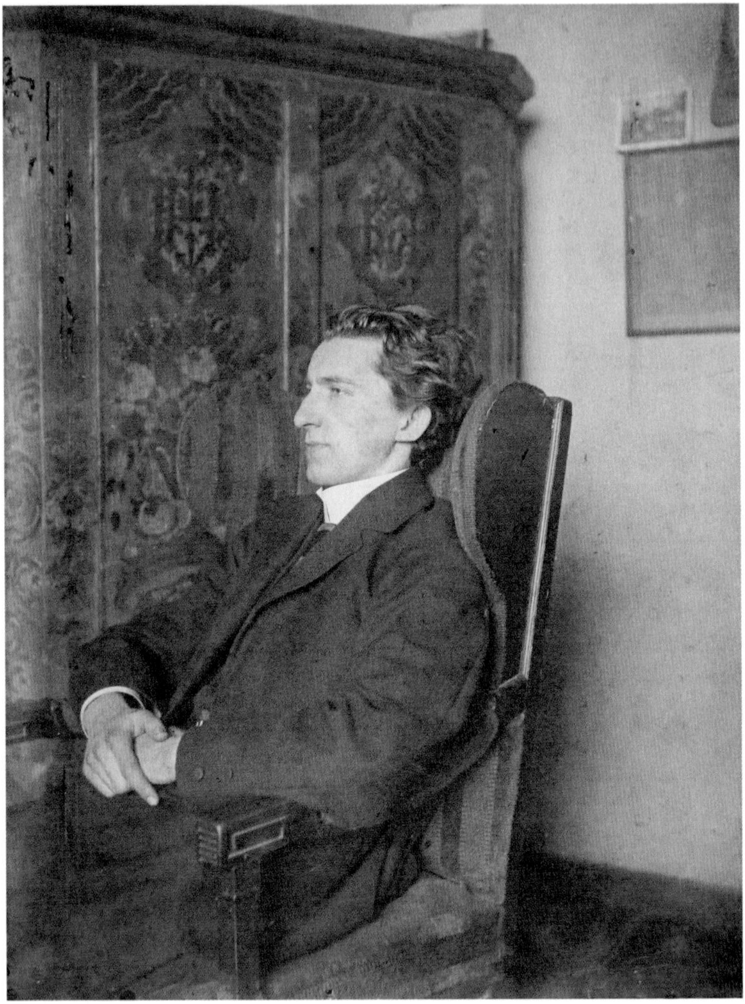

Abb. 1 Porträtfoto Wilhelm Wittmann, Foto um 1903, LBZ/Pfälzische Landesbibliothek, Speyer, N 76

Wilhelm Wittmann: Schriftsteller und Freund Hans Purmanns

Jürgen Vorderstemann

Wann die Freundschaft zwischen dem Maler Hans Purrmann und dem Schriftsteller und Juristen Wilhelm Wittmann begonnen hat, ist nicht sicher zu ermitteln. Purrmann berichtet rückblickend 1927 in einem Lebenslauf zu einer Ausstellung in Kaiserslautern, dass er in seinen frühen Jahren zu seinem Leidwesen zunächst an das elterliche Tünchergeschäft gebunden war und nur in seiner freien Zeit in und um Speyer Studien nach der Natur machen konnte. Dieses Doppelleben führte er während seiner Ausbildung an der Kunstgewerbeschule in Karlsruhe, die er seit seinem 17. Lebensjahr besuchte.[1] »In diese Zeit fiel meine Freundschaft mit dem heute noch betrauerten Wilhelm Wittmann, der ja als Schriftsteller in der Pfalz nicht unbekannt geblieben ist, mir große Anregungen und Ermunterungen gab und dessen tiefe Bildung mir von unschätzbarem Nutzen geworden ist.« »Als ich in Speyer den Farbwagen durch die Straßen schob und die Wanzenbuden ausräumen mußte, blieb er mein Freund.«[2] Wittmann hatte aus Speyer an seine spätere Frau Franziska Puder schon am 31. August 1899 geschrieben: »Als Wandmaler bin ich angestellt, worüber ich noch schreiben werde und über anderes.« Das kann man als Beginn einer näheren Beziehung zu Purrmann verstehen. Ein handschriftlicher Vermerk im Nachlass[3] zu einem mit B. unterzeichnetem Zeitungsausschnitt (ohne Nennung des Blattes) zu einer Besprechung der Gedichtsammlung »Ein neues Lied« stützt diese Vermutung: »befreundet von 1899 bis 1910«. Andererseits schrieb Purrmann rückblickend 1957: »Ich habe ihn als Student in München kennengelernt.«[4]

Für Hans Purrmanns geistige Bildung war Wittmann von nicht zu unterschätzender Bedeutung. »Schon in früher Jugend ist er mein Freund geworden, und ich habe sehr viel von ihm für meine Ausbildung gewonnen, denn es war sehr großzügig von ihm, sich für mich zu interessieren, denn ich war ein vollkommen ungebildeter Mensch und habe eigentlich gar keine Schulbildung in meinem Leben erhalten. Nur die Volksschule – und die nur

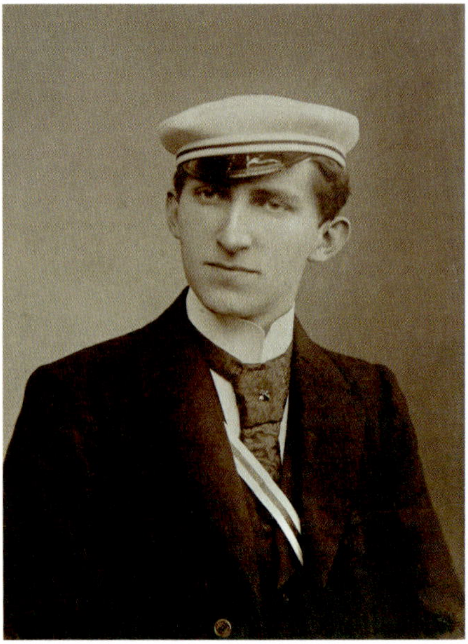

Abb. 2
Wittmann als Student, Foto: E. Marr, Zweibrücken 1899, LBZ/Pfälzische Landesbibliothek, Speyer, N 76

mit Mühe und Not, und dann das Anstreicher-Handwerk«.[5] – »[...] er hat mir viele Bücher geliehen und wir haben lange Gespräche geführt. Er schrieb in der Frankfurter Zeitung. In München war er auch mit Kubin befreundet.«[6]

Wilhelm Wittmann wurde am 11. Juli 1881 in Zweibrücken geboren als Sohn des dort seit 1877 wirkenden Volkschullehrers Jacob Wittmann (Haßloch 1856 – Speyer 1930), der dann zum Regierungsinspektor aufstieg und 1898 als Kreisschulinspektor und Regierungsschulrat nach Speyer versetzt wurde. Er machte mit 18 Jahren das Abitur in Zweibrücken und studierte an den Universitäten München, Berlin, Kiel und Würzburg Rechtswissenschaften. Seine Würzburger Dissertation trägt den Titel: »Der Eigentumsanspruch. Gewidmet Louis Blum [seinem Großvater], Bildhauer in Zweibrücken« und wurde 1904 in Speyer gedruckt. 1906 legte er in Würzburg die juristische Staatsprüfung ab und ließ sich 1907 als Anwalt in Pirmasens nieder, wo er mit einem Karl Blum eine Societät begründete, und heiratete 1908 Franziska Puder aus Zweibrücken.

Er starb früh, am 7. April 1910, an einer von einer Diphterie verursachten Blutvergiftung.[7]

Abb. 3
Die Eltern Jacob und Luise Wittmann, geb. Blum, historisches Foto, LBZ/Pfälzische Landesbibliothek, Speyer, N 76

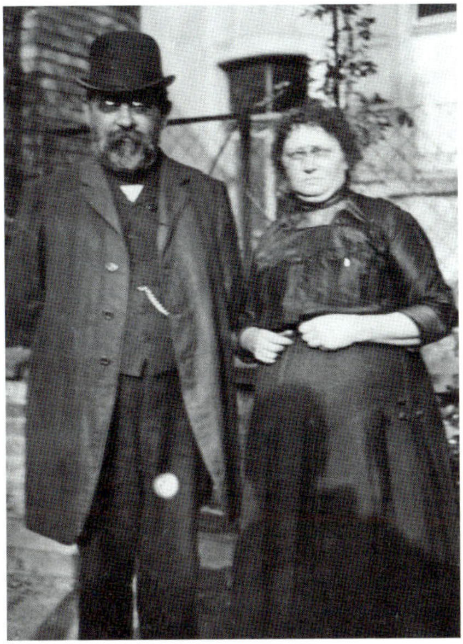

Dies ist die bürgerliche Seite von Wilhelm Wittmanns Existenz. Doch zwei Seelen wohnten in seiner Brust:

An die Robe[8]

Weh, wer hing mir diesen Mantel um?
Wie kam ich hierher in diese Gassen?
Freunde, Schufte, sagt mir doch, warum
Habt Ihr mich verraten und verlassen?

Ich, ein Mensch, spiele den Beamten,
Euch derweil umblüh'n des Lebens Wunder –
Helft mir doch und reißt mir den verdammten
Mantel hier vom Leib, den schwarzen Plunder!
Wollt Ihr's nicht? – ich lüpf ihn selbst und sehe,
Es steckt immer noch ein Mensch darin,
Und ich weiß, ob ich im Finstern stehe,
Daß ich eins mit Eurem Geiste bin.

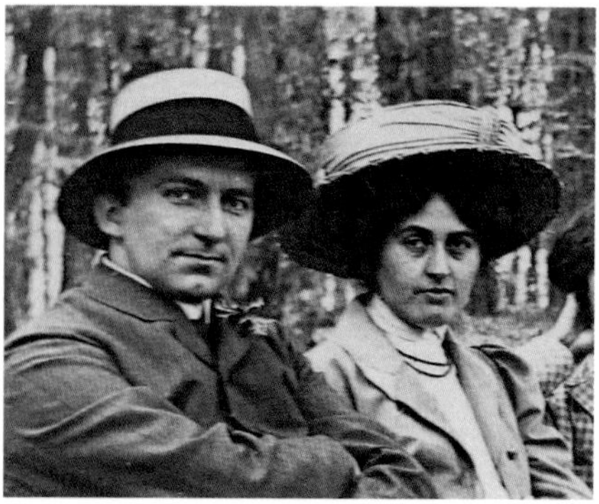

Abb. 4
Ehepaar Wilhelm und Franziska Wittmann, geb. Puder, historisches Foto (Detail), LBZ/Pfälzische Landesbibliothek, Speyer, N 76

Er fühlte sich zum Schriftsteller berufen. Schon mit acht Jahren hatte er »Gesammelte Werke von Willy Wittmann« in einem Heftchen zusammen gefasst, hatte schon als Kind das Theaterspielen geliebt und war auch dessen Spiritus rector gewesen. »Als Gymnasiast machte er sich durch große Gewandtheit im Übersetzen aus dem Griechischen [...] und durch seinen deutschen Aufsatz bemerkbar, so daß sein Lehrer in der achten Klasse ihm den Schriftstellerberuf voraussagte.« Zwölf bis fünfzehn Jahre lang wollte er durch seine Anwaltstätigkeit die Mittel ansparen, um fortan nur seiner Muse leben zu können.

Im vierten Hochschulsemester, also mit 20 Jahren, hatte Wittmann seine ersten Erzählungen in Zeitungen veröffentlicht. 1903 erschien in Würzburg seine Lyrik-Sammlung »Ein neues Lied in zehn Gedichten«, 1909 konnte er im renommierten Piper Verlag in München seinen Roman »Die Studenten« herausbringen.

Nach seinem Tode erschienen 1917 in dem Zweibrücker Verlag Lehmann noch »Das unsterbliche Fähnlein und andere Geschichten«, 1926 im Selbstverlag der Familie »Nachgelassene Gedichte«, bevor der Vater 1928 alles Hinterlassene in »Gesammelte Schriften. Dem Frühvollendeten zum Gedächtnis« zusammenfasste. Neben dichterischen Arbeiten verfasste Wittmann auch Sachartikel für Zeitungen, z.B. zum Kulturleben seiner Heimat oder zur Städtearchitektur und Bauwerken in Zweibücken und Speyer. Hans Purrmann unterstützte er 1905 (»Die ständige Ausstellung des Speyerer Kunstvereins«) und 1907 «Hans Purrmann« mit sehr wohlwollenden Berichten – er war der erste, der ihn in der pfälzischen Presse ausführlich würdigte.[9]

Abb. 5
Todesanzeige für Wilhelm Wittmann, LBZ/Pfälzische Landesbibliothek, Speyer, N 76

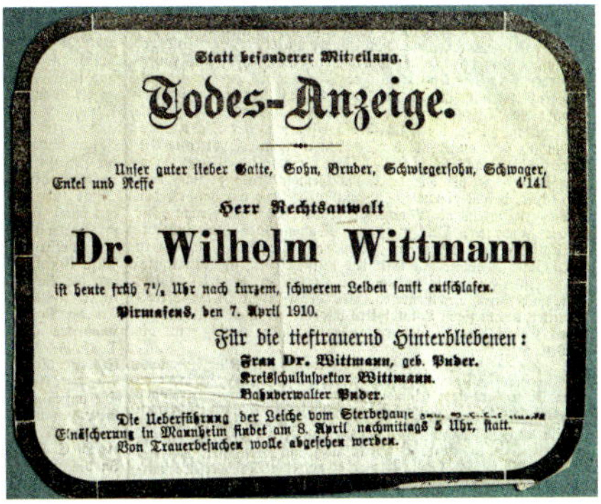
Statt besonderer Mitteilung.

Todes-Anzeige.

Unser guter lieber Gatte, Sohn, Bruder, Schwiegersohn, Schwager, Enkel und Neffe 4'141

Herr Rechtsanwalt

Dr. Wilhelm Wittmann

ist heute früh 7½ Uhr nach kurzem, schwerem Leiden sanft entschlafen.

Pirmasens, den 7. April 1910.

Für die tieftrauernd Hinterbliebenen:
Frau Dr. Wittmann, geb. Puder.
Kreisschulinspektor Wittmann.
Bahnverwalter Puder.

Die Ueberführung der Leiche vom Sterbehause [illegible] Einäscherung in Mannheim findet am 8. April nachmittags 5 Uhr, statt.
Von Trauerbesuchen wolle abgesehen werden.

Die literarischen Arbeiten Wittmanns fanden in der regionalen Presse günstige Aufnahme. Besonders nahm sich ein R. Kunrath (Pseudonym eines höheren Justizbeamten)[10] vermutlich aus Zweibrücken in der »Pfälzischen Presse« seiner an. Briefliche Urteile von Vertretern, zumeist der pfälzischen Kulturszene, hat der Vater in Auszügen gesammelt; sie finden sich im Nachlass. Der letzte Aufsatz, der sich mit ihm befasst, erschien 1951 zum 70. Geburtstag des Dichters.[11] Seitdem wird Wittmann nur noch gelegentlich als Freund Purrmanns erwähnt.

Lyrik und Prosa standen zeitlich im Werk Wittmanns eng beieinander, unterscheiden sich aber stark, auch wenn in beiden Gattungen autobiografische Züge nicht zu verkennen sind. Sein Bildungshintergrund und seine politische Einstellung treten deutlich zu Tage und dürften auch auf Purrmann eingewirkt haben.

Die Studienjahre Wittmanns waren zwar zielgerichtet, doch beschränkte er sich nicht auf sein Fach, sondern er versuchte sich in einer Art Studium Generale umfassend zu bilden. Aus München schrieb er am 9. Dezember 1899 an Haßlocher Verwandte: »Die Juristerei ist ganz schön, nur von Zeit möchte man kaput gehn dabei. […] Daneben studiere ich schöne Sachen: Geschichte, Philosophie, Indische Litteratur, Geschichte, und sehr viel Medizin. Manchmal bin ich ganz betrunken von lauter Wissenschaft.«[12]

In einem Brief aus Berlin vom 21. Januar 1902 berichtet er darüber, wie intensiv er das Kulturleben der Hauptstadt mit Musik, Schauspiel und Museen wahrnimmt. Die Liebe zur Kunst hatte er von seinem Großvater Louis Blum (1829–1908) geerbt, einem Holzbildhauer in Zweibrücken, der als junger

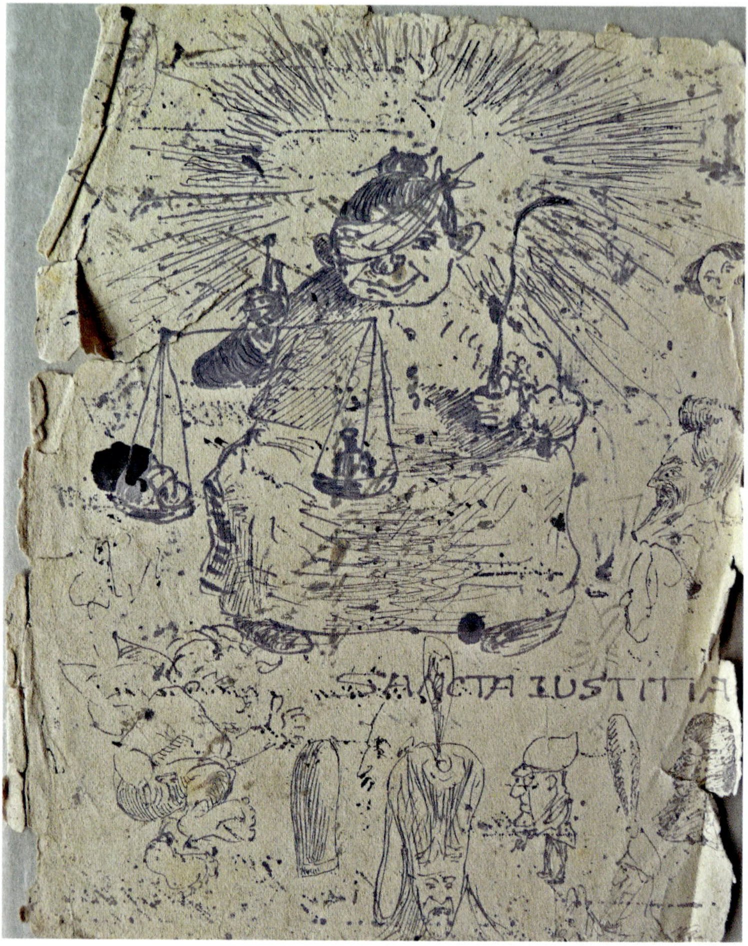

Abb. 6 SANCTA JUSTITIA, Löschblatt, LBZ/Pfälzische Landesbibliothek, Speyer, N 76

Mann in Paris gelernt hatte und den er sehr geliebt hat. Von ihm hatte er wohl auch sein Zeichentalent und die Geschicklichkeit zur Karikatur, zeichnerisch wie literarisch.

Offenbar hat er auch früh Bilder von Purrmann erworben: »Meine Bildersammlung hat zwei Bereicherungen erfahren: ein prachtvolles Ölgemälde

Abb. 7
Der Großvater Louis Blum, historisches Foto, LBZ/Pfälzische Landesbibliothek, Speyer, N 76

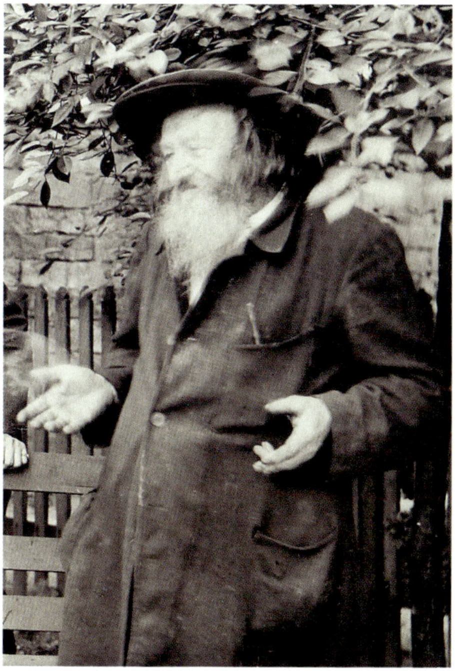

von meinem Hofmaler Purrmann, welcher nächstens in München ausstellen wird, und eine Mappe von Zeichungen von Alfred Kubin«[13], mit dem er auch befreundet war. Im Familien- und Freundeskreis versandte er karikaturhafte Postkarten, die ein nicht unbeträchtliches zeichnerisches Talent verraten; das zeigen auch erhaltene Kritzeleien auf seinen Löschblättern.[14]

Dieses Talent würdigte Purrmann, der ihn ermunterte: »Du solltest, so bald Dich das Zeichnen etwas begeistert, zeichnen. Laß Dir die Zeit nicht reuen und ganz in dieser Art wie Deine letzte Karte. Ich finde schon etwas daran.«[15] In München verkehrte er in Künstlerkreisen, neben Purrmann mit Albert Weißgerber, Rudolf Schiestl[16], die beide Kollegen Purrmanns in der Stuck-Schule waren, auch mit Alfred Kubin.

Hans Purrmann hat er seine Erzählung »Das unsterbliche Fähnlein« gewidmet, »so sehr er auch über den mittelalterlichen Mummenschanz schimpfen wird«, Rudolf Schiestl die »›Altfränkischen Bilder‹ […] als Zeichen froher Erinnerung an die Sulzfelder Tage«.[17] Wittmanns Erzählungen waren in pfälzischen Zeitungen, aber auch in Blättern wie der »Frankfurter

Zeitung« oder »Der Sammler« erschienen. Sie sind typisch für die große Zahl solcher Texte, die von verschiedenen, bekannten wie vergessenen Autoren in den literarischen Zeitschriften der Jahrhundertwende erschienen. Humor und eine lebendige Figurenzeichnung zeichnen diese Novellen aus. Unter dem Titel »Das unsterbliche Fähnlein und andere Geschichten« erschienen sie 1917 postum in Zweibrücken. Andere Zeitungsbeiträge von Wittmann beschäftigen sich mit Fragen der Architektur und des Städtebaus, zwei von ihnen machen auf das Werk des Freundes Hans Purrmann aufmerksam.

Im Gegensatz zur kurzen Prosa ist sein Roman »Die Studenten«, der stark von den Erlebnissen seiner Studienzeit geprägt ist, heute schwer erträglich. Zwar hatte er seinerzeit positive Resonanz erfahren. So lobte ihn der schon erwähnte R. Kunrath: »Seit Arnd [richtig: Arne] Gaborgs ›Bauernstudenten‹ [Roman des norwegischen Naturalismus, in Deutschland seinerzeit viel gelesen] habe ich keinen Studentenroman gelesen, der so stark und wahr auf mich gewirkt hätte; und ich trage kein Bedenken, die Schilderung des tragischen Todes von Hans Innozenz an ergreifender Wirkung neben den Schluß von Emil Straußens ›Freund Hein‹ zu stellen«[18]. Heute kann man diesem Urteil nicht mehr recht folgen. Es ist zu vermuten, dass der Rezensent aus dem Zweibrücker Umfeld des Autors stammt und nicht ganz unvoreingenommen geurteilt hat. Der Roman wirkt oft überfrachtet, was schon mit dem sprechenden Namen des Helden beginnt. Die grobianische Lustigkeit der Studenten erscheint, wie die Personenzeichnungen überhaupt, als eher oberflächlich. Die ›couleur locale‹ gelingt nicht immer, so lässt er z.B. seine Schwaben pfälzisch sprechen. Unangenehm berührt die schwüle, zunächst unterdrückte Erotik. Als sie sich plötzlich mächtig Bahn bricht, wird den emotionalen Folgen für die in damaliger Auffassung gefallene Frau keine Beachtung geschenkt, sie verschwindet gar zeitweilig aus der Handlung. Dafür schließen sich moralinsaure Betrachtungen an. Die Motivation des Selbstmords des Helden – er verkraftet die Mitteilung einer Schwangerschaft nach dem Fehltritt nicht und bringt sich um – ist dann wenig überzeugend. Mag diese Lösung für den zeitgenössischen Leser noch akzeptabel gewesen sein und mag dieser noch die Probleme seiner Zeit darin erkannt haben, heute empfindet der Leser die Auflösung als gewaltsam. Insgesamt ist der Roman in unserer Gegenwart nicht mehr zu genießen. Auch wenn Wingerter[19] noch ein »in farbiger Buntheit [...] ein fesselndes, anschauliches, bewegtes Ge-

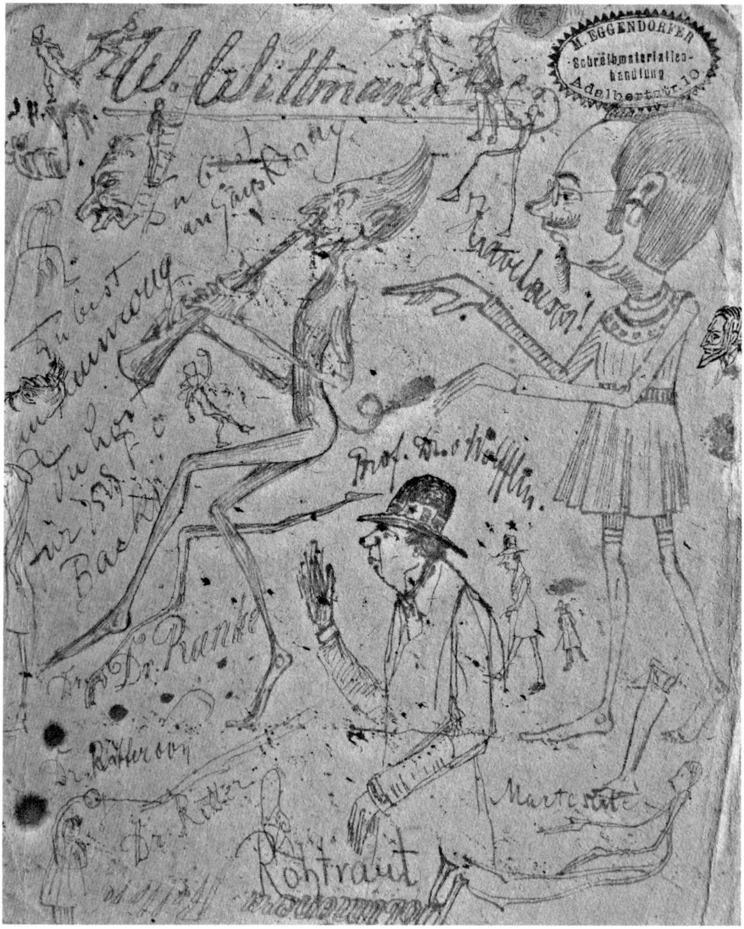

Abb. 8 Vorlesungskritzeleien, Löschblatt, Tinte, 19,5 x 16 cm, LBZ/Pfälzische Landesbibliothek, Speyer, N 76

mälde von München und seinen Studenten um 1900« rühmt, in dem Wittmann »als Wahrheitsfanatiker auf die Gefahren der Großstadt, das Dirnenwesen und die seltsamen Verkettungen und Abgründe der Erotik aufmerksam macht, denen mancher ›ahnungslose Tor‹ zum Opfer fällt«, kann nur noch der Literaturhistoriker, der im Werk den Autor zu erkennen sucht, ein gewisses Interesse aufbringen.

So fällt auf, dass Wittmann stark sozialkritisch orientiert war. Sein Held stammt – auch wieder ein sprechender Name – aus einem pietistischen schwäbischen Pöblingen, ein sprechender Name mit Anspielung auf das pejorative »Pöbel«, wo man sich nur im vorgeschriebenen Kreis bewegt und den straft, der die Grenzen überschreitet, was ihn ja schließlich zum Selbstmord veranlasst. Die Grenzen überschreitet er nicht nur im moralischen Sinne, sondern auch in der Erkenntnis der Enge und Rückständigkeit seiner Herkunft.

»Wohl hatte ihn die Begegnung mit der Kunst in diesem sicheren Gang schwanken gemacht [...] – nun sah er allmählich, daß in der Tat Pöblingen so gut wie nichts bedeutete, daß es nur ein ganz kleines Schräubchen war an einer riesengroßen Maschine [...]. Er bemerktet die Massen, die sich auf allen Gebieten, schweigend meistens, rastlos bekämpfen. [...] Er bewunderte die zähe Arbeit und Energie, welche die großen Industriewerke erschaffen hatte und zu immer höherer Macht und Leistungsfähigkeit trieb.«[20]

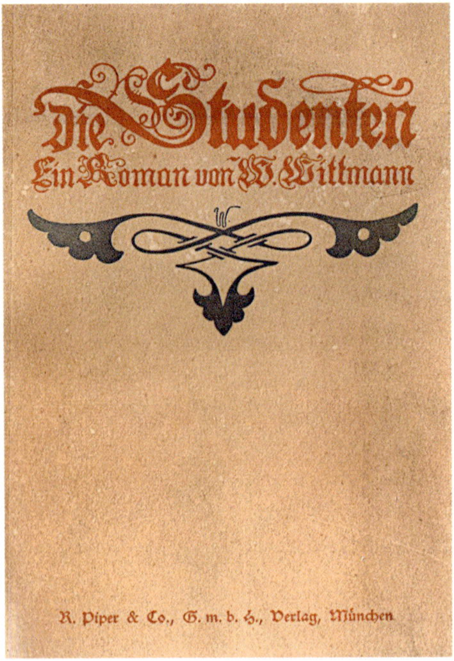

Abb. 9
Wilhelm Wittmann, »Die Studenten«, Buchumschlag

Fragen der Nationalökonomie und der Rechtsphilosophie beschäftigten Wittmann als Autor und schon als Student, politisch stand er dem sozialdemokratischem Gedankengut nahe. »In München und Berlin nahm er öfters an größeren Volksversammlungen teil, um die Nöte und Hoffnungen weiterer Volkskreise kennenzulernen.«[21] Gegenüber der Zentrumspartei und dem katholischen Klerus war er ausgesprochen kritisch. Er befürwortete, fortschrittlich gesinnt, das Frauenstudium.[22] Die Begegnung mit einem Sozialdemokraten[23] ist für den Protagonisten seines Romans, Innozenz, eine Erweckung, und gegen das Zentrum singen er und seine studentischen Freunde anschließend vor der Münchner Theatinerkirche lautstark das protestantische »Ein feste Burg ist unser Gott«[24], bis die Obrigkeit einschreitet. Auch im Gedicht ergreift Wittmann für die Arbeiterschaft Partei:

Lied der Lohnsklaven[25]

Wie wären wir stolz und wären wir stark
Und ritten hervor mit hellen Panieren,
Wir spüren Kraft und Mut im Mark
Und möchten's mit Gott und der Welt probieren.
Kein Feind ist, den wir zu vernichten vergäßen
– Wenn wir nur Geld besäßen.
Wir glaubten nur, was unser Herz uns heißt,
Wir lebten, wie es uns die Weisen lehren,
Und pflegten in uns den göttlichen Geist
Und wußten uns wohl für die Freiheit zu wehren.
Kann sein, daß die Krämer lebendig wir fräßen
– Wenn wir nur ihr Geld besäßen.

Doch so sind wir Schufte und arme Gestalten,
Wer kann's uns verdenken, wir schaffen im Fron;
Der Reiche nur kann Ideale sich halten,
Bei uns heißt's: viel Arbeit und elender Lohn.
Doch glaubt's uns, es wär ein ganz anderes Wesen
– Wenn wir nur Geld besäßen.

Was sich in dem kämpferischen protestantischen Kirchenlied schon andeutet, zeigt sich stärker in Wittmanns Lyrik: seine starke konfessionsgebundene Religiosität. Der Vater berichtet: »Er war eine tief religiöse Natur, ein gründlicher Kenner und warmer Verehrer der Bibel. Als Student ging er wohl selten zu Bett, ohne darin gelesen zu haben. Auch trug er sich mit dem Gedanken, das Leben Jesu episch darzustellen. In welchem Sinne es gestaltet worden wäre, läßt das Gedicht ›Das Abendmahl‹ erkennen«[26]:

In diesem Gedicht[27], das zunächst ein Weihnachtsessen mit Freunden schildert – es ist vermutlich um 1908 entstanden, denn Wittmann ist schon verheiratet – könnte mit »ein Maler« Purrmann gemeint sein.

Der Tannenbaum stand stolz im Kerzenschimmer,
Mit weißem Linnen war der Tisch gedeckt,
und um das junge Paar war froh versammelt
Der Freunde kleiner, doch erlesner Kreis,
Ein Arzt, ein Maler und ein Rechtsgelehrter.
Ein jeder brachte aus der dichten Hülle
Sein Festgeschenk: ein schönes Buch der eine,
Ein Bild der andere, einen Pelz der dritte.
[...]

Bald erweitert sich das Mahl in Gedenken an das Letzte Abendmahl Jesu und in ausgreifende religiöse Betrachtungen, bevor sich die Gäste erheben und gehen, doch der rebellische Impetus bleibt auch hier spürbar:

Von Pharisäern redeten sie nicht,
Weil Weihnacht war – sonst scheuten sie sie nicht.

In diesen Zeilen spürt man das jugendliche Ungestüm und Aufbegehren, das viele von Wittmanns Gedichten prägt und, anders als seine Prosa, uns auch heute noch ansprechen kann. So stürmt und drängt es auch in:

Der Jüngling[28]

Da sieh meiner Muskeln strotzende Kraft,
Wie sie stolz und prächtig schwellen,
Sieh, wie es in mir gärt und schafft
Gleich eines Meeres jauchzenden Wellen –

Komm, Du Leben, und ring mit mir,
Komm, ich will Dich mit Lust umarmen!
Komm, Du Wesen, halb Weib, halb Tier,
An meinem Busen sollst Du erwarmen!

Wenn die Schwachen Dich Mörderin nennen,
Sollst Du mir meine Geliebte sein.
Nur die fürchten Dich, die Dich nicht kennen.
Komm, Du Leben, ich warte Dein.

Der aus den »Nachgelassenen Gedichten« stammende pathetische Text erwartet freudig, aber mit durchaus erotischen Untertönen, den Lebenskampf. Oder mit durchaus prometheushafter Auflehnung im Gedicht »Versuchung«:[29]

Neidische Götter, Ihr wollt's nicht sehen
Wie ich stolz zu den Sternen wandle.
Wahrlich es ängstet Euch meine Kraft,
[…]
Wohin der Weg geht, das ist verborgen,
Doch ob er aufwärts führe zum Lichte,
Ob er zu leerer Vernichtung mich leite,
Mir gilt's gleich; die freie Seele
Blickt ohne Furcht in die dunkle Zukunft.

Oft sind seine Gedichte von religiöser Thematik bestimmt, greifen biblische Stoffe auf und haben zuweilen Gebetscharakter. Doch auch auf die klassische Antike und deren Götter nimmt Wittmann Rekurs – man spürt seine humanistische Bildung. Das gilt vor allem für seinen Zyklus »Ein neues Lied«

(1903) in zehn reimlosen, teils balladenhaften Gedichten in freien Rhythmen. Im Vorspann erklärt er programmatisch:

Unsre Zeit braucht ernste Lieder
Lasset uns drum nach der Kirche gehen!
…
Denn ich habe in ruhigen Stunden
Eine neue Weise erfunden,
…
Aufrütteln soll sie das schlafende Hirn,
[…][30]

Gerade in der Lyrik wird Wittmanns jugendlicher Impetus deutlich. Doch auch literarische Vorbilder werden fassbar: So steht im Gedicht »Die Jugend« aus dem Zyklus »Ein neues Lied«[31], welches das Glück der Jugend preist, das Hohe Lied Salomos Pate:

Meine Freundin ist schön, Bergseen sind ihre Augen, darinnen
ich versinke, und ihrer Lippen Duft ist lieblicher denn
Weihrauch und Myrrhen.

Der größte Teil der Gedichte ist sehr lang und erstreckt sich auf bis zu neun Seiten. Ihre Schwierigkeit liegt in ihrer Uneinheitlichkeit. Auf der einen Seite spricht Wittmann Grundsätzliches des Seelenlebens an, auf der anderen steht dann die Verengung auf ein persönliches Liebesglück. Die Sprache hat durchaus poetische Kraft, doch die Gedichte, die schon manchmal kleine Versepen sind, haben Längen, die das Durchhaltevermögen des Lesers strapazieren. Immerhin hat schon der Rezensent in »Die Feierstunde«[32] bemerkt, dass der Zyklus an Klarheit des Gedankengangs »viel gewonnen hätte, wenn alle Einzelheiten noch mehr auf die Hauptidee bezogen wären«.

Wittmanns gute Kenntnis der deutschen Literatur beweist sich immer wieder. Sein »Geselliges Lied«[33] aus den »Nachgelassenen Gedichten«: »Nichts ist erbärmlicher als der Mensch« setzt er gegen Goethes: »Vieles Gewaltige lebt, doch nichts ist gewaltiger als der Mensch«. »Die Nacht« ist ganz von romantischem Geist geprägt wie ein Eichendorff-Gedicht. Das »Kirchenlied«[34]

Töne laut empor, du fromme Weise,
Steig hinauf zum goldnen Sternenzelt

paraphrasiert Agathes Arie aus Webers »Freischütz«: »Leise, leise, stille Weise / Schwing dich auf zum Sternenkreise«. Dies sind nur wenige Beispiele seiner Rezeption literarischer Vorbilder.

Ein Denkmal der Verbundenheit hat sich in Purrmanns Umschlagzeichnung zu Wittmanns Gedichtzyklus »Ein neues Lied« von 1903 erhalten – die der Maler selber allerdings nicht als sonderlich geglückt ansah: »Mein lieber Wittmann, hiermit sende ich Dir den Buchumschlag. Trotzdem ich nach allen Richtungen Versuche machte, kam nichts Anständiges heraus. Verzeihe, besser konnte ich nichts zu Wege bringen. [...] Ich habe leider kein Talent für Buchdeckel.«[35] An anderer Stelle spricht er von »der verfluchten Zeichnung«, die zu seinem Schrecken in Berlin Herren des Vereins zur Förderung der Kunst auf Wittmanns Gedichtband gesehen haben.[36] Diese Herren haben übrigens Wittmann als außerordentlich begabten Menschen bezeichnet: »Ich habe mich gefreut, über dich reden zu hören«.

Purrmann hat Wittmann schon im Vorfeld der Veröffentlichung zu unterstützen versucht: »Außer mir weiß ich leider niemand, der es sicher kaufen wird, aber an anderen Orten als Duisburg, werde ich schon Leute finden, die sich interessieren werden. Propaganda werde ich auf alle Fälle machen.«[37]

Wingerter hat 1951 Wittmans literarisches Werk so beurteilt: »Das ewige Fragen an Gottheit und Schicksal finden wir bei Wilhelm Wittmann immer wieder. Unerhört ernst und in die Tiefe gehend ist sein Forschen und Ringen [...]« – Er spricht von einem »Ideengehalt von so riesigem Ausmaß, daß er schon ob dieses seines Werkes [»Ein neues Lied«] unvergessen bleiben müßte.«[38] Der Oberkirchenrat D. Mayer[39] hat im Nachruf auf Wittmann und in Besprechung der vom Vater herausgegebenen Werkedition in der »Pirmasenser Zeitung«[40] von »faustische[m] Ringen der Menschenseele nach Wahrheit und Gerechtigkeit« gesprochen. Andere Nachrufe[41] beklagen den Tod eines Frühvollendeten, der immerhin in Besprechungen nicht nur im pfälzischen Raum, sondern auch darüber hinaus Resonanz gefunden habe.[42]

Den Nachruhm, den man Wittmann vorausgesagt hat, hat sich nicht eingestellt. Die Familie hatte nach seinem Tod versucht, durch Neuausgaben Resonanz zu schaffen. Die »Nachgelassene[n] Gedichte« erschienen 1917 in Speyer im Selbstverlag, die »Gesammelten Schriften« in Kommission bei

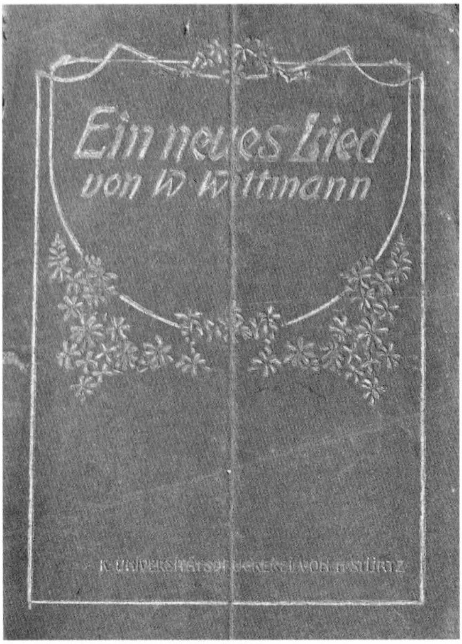

Abb. 10
Wilhelm Wittmann,
»Ein neues Lied«,
Buchumschlag, Entwurf
von Hans Purrmann

dem Speyerer Buchhändler D. A. Koch. 1929 druckte die Zeitschrift »Palatina« noch einmal »Das unsterbliche Fähnlein«[43] ab. Wittmanns Werk hat, bei allem Respekt für das Bemühen des Autors, doch nicht den Reifegrad, der es überdauern ließ, und ist in Vielem zu zeitgebunden sowie noch dem Stil des 19. Jahrhunderts verhaftet. Die kleinen Formen lagen ihm mehr als der Roman. Unbestreitbar ist sein großer literarischer Horizont, und in diesem Sinne ist er für Hans Purrmann wichtig gewesen. Durch Wittmann wurde Purrmann auf Wege gewiesen, die ihm von häuslicher und schulischer Vorbildung nicht vorgezeichnet waren. Deshalb hat Purrmann ihm ein treues Andenken bewahrt.

ANMERKUNGEN

1 Göpel 1961, S. 9.
2 An Hans Mersmann, 20. Februar 1957 (Göpel 1961, S. 303).
3 LBZ/Pfälzische Landesbibliothek, Speyer, N 76.
4 Im Lebenslauf für seine Kaiserslauterer Ausstellung von 1957, zitiert bei Roland 1969.
5 An Frau Prof. Hänl (2. Ehe von Wittmanns Witwe), 5. April 1957 (Göpel 1961, S. 303).
6 An Hans Mersmann, 20. Februar 1957 (Göpel 1961, S. 303f.).

7 Die biografischen Angaben beruhen auf dem Geleitwort von Jacob Wittmann zur Edition der Gesammelten Schriften Wilhelm Wittmanns nochmals unter dem Titel: Der pfälzische Schriftsteller Wilhelm Wittmann. In: Palatina. Beiblatt zur Pfälzer Zeitung Nr. 8 vom 21. Februar 1929 sowie auf Dokumenten im Familiennachlass Wittmann (LBZ/Pfälzische Landesbiblothek, Speyer, N 76.). – Alle Zitate beruhen auf dieser Werkausgabe von 1926.

8 Wittmann 1926a, S. 69.

9 So Roland 1969.

10 Jacob Wittmann, Geleitwort, in: Wittmann 1926a, S. 2.

11 Wingerter 1951, S. 8.

12 LBZ/Pfälzische Landesbibliothek, Speyer, N 76.

13 Brief Wittmanns, Speyer 4. Januar 1903, an Verwandte in Haßloch (LBZ/Pfälzische Landesbibliothek, Speyer, N 76).

14 LBZ/Pfälzische Landesbibliothek, Speyer, N 76.

15 Brief Nr. 8 [1903?].

16 Der Maler, Grafiker und Glasmaler Rudolf Schiestl (1878–1931) war wie Purrmann kurzzeitig Schüler von Franz von Stuck. Er hat um 1900 in der Pfalz Wandmalereien ausgeführt, u.a. in Germersheim, Kaiserslautern und der St.-Anna-Kapelle in Burrweiler.

17 Wittmann 1926a, S. 90, »Widmung«.

18 Zitiert nach Jacob Wittmann, Geleitwort, in: Wittmann 1926a, S. 5.

19 Wingerter 1951, S. 8.

20 Wittmann, Studenten, in: Wittmann 1926a, S. 177–387, bes. S. 344.

21 Zitiert nach Jacob Wittmann, Geleitwort, in: Wittmann 1926a, S. 11.

22 Wittmann 1909, S. 236.

23 Ebda., S. 346ff.

24 Ebda., S. 348.

25 Ebda., S. 68.

26 Zitiert nach Jacob Wittmann, Geleitwort, in: Wittmann 1926a, S. 11.

27 Wittmann 1926a, S. 74f.

28 Ebda., S. 61.

29 Ebda., S. 80f.

30 Ebda., S. 16.

31 Ebda., S. 16.

32 Feierstunde 1903.

33 Wittmann 1926a, S. 69.

34 Ebda., S. 67.

35 Brief Nr. 7 [1903].

36 An Wittmann aus Berlin, 3. Februar 1905, Hans Purrmann Archiv, München.

37 Brief Nr. 6 [1903].

38 Wingerter 1951, S. 8.

39 Handschriftliche Nennung des Autors auf dem Zeitungsausschnitt (LBZ/Pfälzische Landesbibliothek, Speyer, N 76).

40 Ebda.

41 Ebda.

42 So Kunrath in seinem Nachruf, in: Wittmann 1929.

43 Palatina. Beiblatt zur Pfälzer Zeitung. Nr. 9 und 10, 1929.

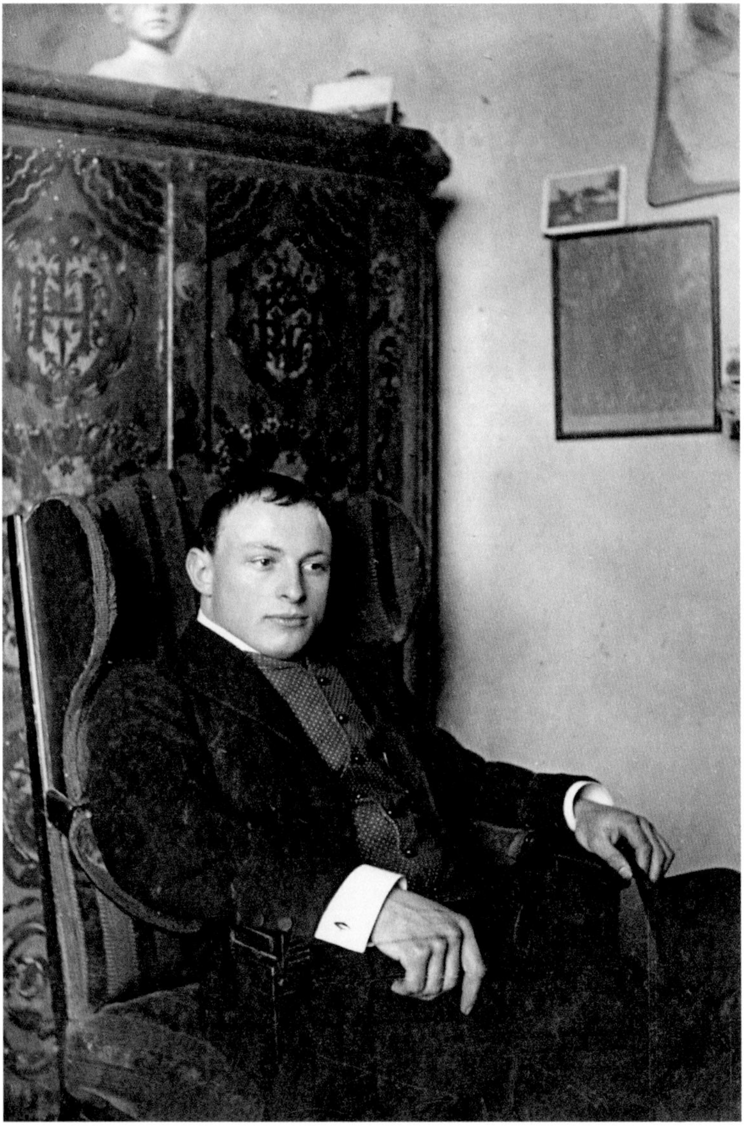

Abb. 1 Hans Purrmann, Foto um 1903, Hans Purrmann Archiv, München

Purrmann und Wittmann. Geschichte einer Jugendfreundschaft in Briefen und Postkarten

Adolf Leisen

Wir werden viel zu reden haben«, diesen oder ähnliche Sätze lesen wir immer wieder in den Briefen, die Hans Purrmann an seinen Freund Wilhelm Wittmann schrieb. Ein intensiver Austausch über alles, was sie bewegte, bestand zwischen beiden. Da uns aber nur die Briefe Purrmanns an Wittmann vorliegen, können wir seine Probleme erkennen, die Wittmanns werden uns nur indirekt mitgeteilt. Die vertrauensvolle Atmosphäre, wie sie zwischen den Freunden herrschte, erlaubte es Purrmann, sein inneres Ringen um seinen künstlerischen Weg – seine Fortschritte und seine Verzweiflung, seine Erfolge und seine Enttäuschungen – offen darzustellen. Damit haben wir authentische Zeugnisse der Entwicklung dieser Künstlerpersönlichkeit. Die Briefe sind entstanden in der Zeit von 1901 bis 1909; also in der Zeit zwischen seinem 21. und 30. Lebensjahr. In dieser Zeit erfuhr Purrmann (Abb. 1) seine grundlegende künstlerische und auch persönliche Prägung. Noch hatte er sich nicht aus dem engen Milieu seiner Heimatstadt Speyer gelöst; wirtschaftlich blieb er noch weitgehend abhängig vom elterlichen Handwerkerbetrieb. Und auf geistig-künstlerischem Gebiet lag noch ein weiter Weg vor ihm. Der Schriftsteller Kasimir Edschmid nennt ihn einen »der gescheitesten Männer, die ich in meinem Leben traf«.[1] Als Künstler und Kunstschriftsteller genoss er spätestens nach 1945 hohes Ansehen. Er musste seinen Weg aus sich heraus finden und ihn unter Entbehrungen mit großem Mut gehen. Davon zeugen die Briefe.

Immer wieder stoßen wir auf pfälzische Wendungen sowie auf ruppige Formulierungen, wie sie im Handwerkermilieu üblich waren. Oft stehen diese im Zusammenhang mit Aussagen über seine wirtschaftliche Situation oder sind Reaktionen auf Pressekritiken. Daher ist es sinnvoll, sowohl seine Jugend in Speyer als auch seine wirtschaftlichen Verhältnisse während seiner Studienzeit zu beleuchten. Im Hinblick auf die Gesamt-Biografie sollen die einzelnen Stationen der Entwicklung seiner Künstlerpersönlichkeit herausgearbeitet werden. Ergänzt wird das Bild Purrmanns durch die Darstellung seines frühen zeichnerischen Werkes. Die erste öffentliche Resonanz auf sein Schaffen soll durch die Wiedergabe von Pressekritiken, soweit wir sie auffinden konnten, dokumentiert werden. Wilhelm Wittmann erfährt durch die Würdigung seines literarischen Werkes ein deutlicheres Profil. Seine zeichnerische Begabung zur satirischen Darstellung wird durch Karikaturen, die an verschiedenen Stellen in den Text aufgenommen wurden, dem Leser deutlich und ihn zu einem Lächeln bewegen.

Die Briefe Hans Purrmanns an Wilhelm Wittmann

Die gemeinsame Basis: Speyer und die Pfalz

Ein kurzer allgemeiner Blick in die Pfalz und auf die Stadt Speyer soll am Anfang dieser Überlegungen stehen, denn ohne diesen blieben die biografischen Daten Wittmanns und Purrmanns zu sehr dem individuellen Bereich verhaftet. Speyer als Heimatstadt Purrmanns steht exemplarisch für die gesamte Pfalz; wir können davon ausgehen, dass Zweibrücken, die Geburtsstadt Wittmanns, um 1900 ein vergleichbares Bild bot. Diese Schwerpunktsetzung ist auch deswegen gerechtfertigt, weil Wittmann durch die Stellung seines Vaters als Regierungsschulinspektor in Speyer verwurzelt war.[2]

Wie fast überall in Deutschland verdoppelte sich die Bevölkerungszahl in Speyer in der Zeit zwischen 1860 bis 1914; infolgedessen dehnte sich die Stadt über die alten Stadtgrenzen hinaus. Bezeichnend für die starke Zunahme der Bevölkerung ist es, dass im Wesentlichen der Geburtenüberschuss dafür ausschlaggebend war. Durch die Ansiedlung neuer Gewerbe, etwa von der Tabakindustrie, durch Brauereien oder den Ausbau des Hafens, durch die protestantische und die katholische Kirche, die beide seit langer Zeit ihre zentralen Verwaltungen in Speyer unterhielten, sowie durch eine Zunahme handwerklicher Betriebe, vor allem im Baubereich, entstanden so viele Arbeitsplätze, dass die Bewohner Speyers und der näheren Umgebung ein Auskommen fanden. Der Arbeitsmarkt war jedoch nicht so groß, dass Zuwanderer in nennenswerter Zahl gebraucht wurden. Damit fehlten der Stadt und der Region weitgehend von außen kommende Anregungen. Die neuen technischen Errungenschaften wie die Versorgung mit Wasser, Gas und Elek-

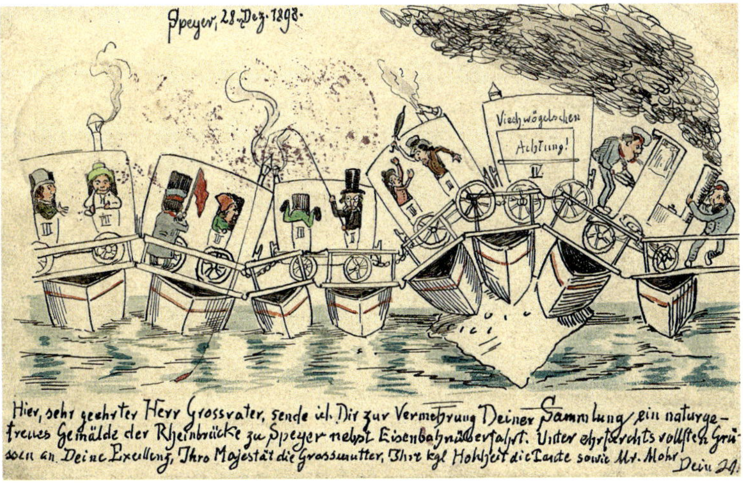

Abb. 2 Wilhelm Wittmann, Die Rheinbrücke zu Speyer nebst Eisenbahnüberfahrt, 28.12.1898, kolorierte Federzeichnung auf Postkarte, 9 x 14 cm, Privatbesitz

trizität fanden erst verhältnismäßig spät den Weg nach Speyer. Weil sich auch die Verkehrsanbindung ungünstig entwickelte, blieb Speyer, aber auch die ganze Pfalz, in einer randständigen Lage. Das musste sich auch auf das kulturelle Leben auswirken: Als charakteristisch dafür kann das Programm des Stadttheaters Speyer angesehen werden, das vor allem Stücke der leichten Unterhaltung zur Aufführung brachte. Für das Musikleben und die Bildende Kunst galt Ähnliches.

So versteht es sich von selbst, dass junge, an Kultur interessierte Menschen keine angemessenen Chancen in ihrer Heimatstadt fanden; sie orientierten sich deswegen in großem Ausmaß an München, der damaligen Hauptstadt ihres Landes. Schließlich befanden sie sich dort im wissenschaftlichen und kulturellen Zentrum Süddeutschlands.

Diesen Schritt taten auch Hans Purrmann und Wilhelm Wittmann. Beide haben wenig von ihrer Kindheit und Jugendzeit erzählt. Bei Wittmann sind wir auf seine Karikatur-Postkarten angewiesen, da er bereits mit 29 Jahren verstarb, also erst am Beginn seiner beruflichen Laufbahn und auch seiner Ehe stand. Im Gegensatz zu Purrmann fehlt daher der Altersblick zurück. Die Postkarten enthalten meist eine kurze Nachricht. So kündigt er beispielsweise

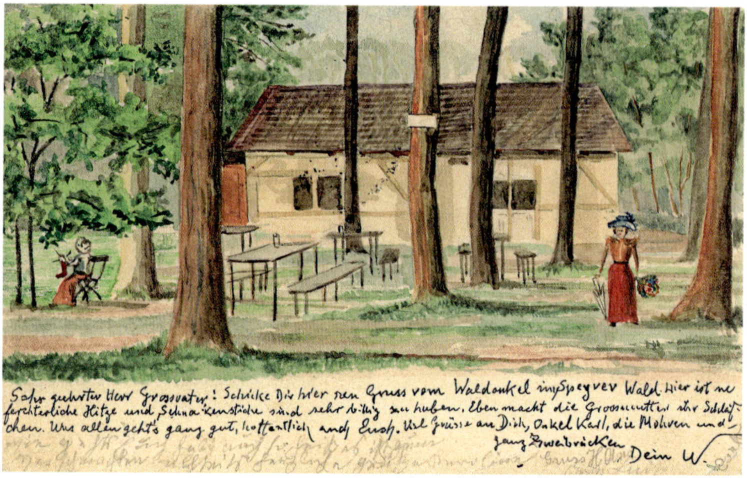

Abb. 3 Wilhelm Wittmann, Gruß vom Waldonkel im Speyrer Wald, um 1898
kolorierte Federzeichnung auf Postkarte, 9 x 14 cm, Privatbesitz

sein Kommen an. Die darauf gezeichneten und zum Teil kolorierten Karikaturen geben Auskunft über sein Lebensgefühl. Es sind vor allem humorvolle Darstellungen des Studenten- und Kleinstadtlebens, die unsere Aufmerksamkeit verdienen. Man kann sich die Langsamkeit vorstellen, mit der die Zeit vergeht, hier dargestellt mit dem kleinen Zug, die über die Rheinbrücke kriecht; das »Viehwögelchen« deutet auf die landwirtschaftliche Umgebung hin. (Abb. 2)

Ältere Bürger von Speyer können sich noch an die Sonntagsausflüge mit einer Rast im »Waldonkel« erinnern (Abb. 3). Das »Segelboot« (Abb. 4) mag für entsprechende vergnügliche Stunden auf dem Rhein stehen. Die beiden Freunde nahmen an diesem geselligen Leben teil (Abb. 5). Zu diesen idyllischen Bildern gehören auch die beiden Domherren. Was mögen sie sich wohl zuflüstern? Verbirgt Wittmann in dieser Karikatur seine kritische Haltung gegenüber dem katholischen Klerus (Abb. 6)?

Wittmanns Vater war lange Jahre als Regierungsschulinspektor in Speyer tätig und als solcher hoch angesehen (Abb. 7). Der Sohn besuchte selbstverständlich das Gymnasium und erwarb so eine fundierte, klassische historisch-literarische Bildung, an der er auch Purrmann profitieren ließ. Nach einer glaubhaften mündlichen Überlieferung machte er seinen Freund mit

Abb. 4
Wilhelm Wittmann, Segelboot am Rhein, um 1898, kolorierte Federzeichnung auf Postkarte, 14 x 9 cm, Privatbesitz

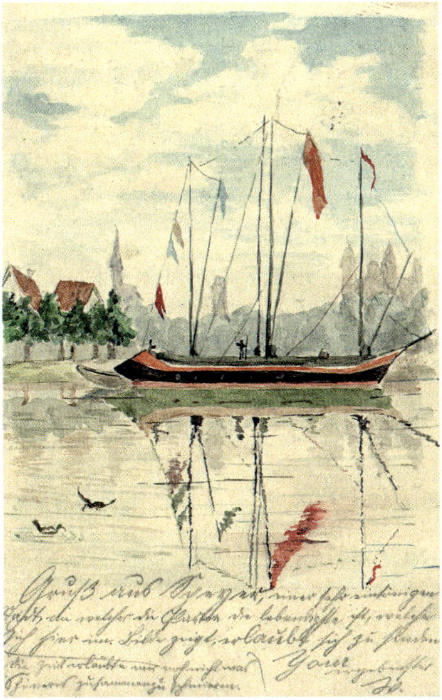

der Literatur der deutschen Klassik bekannt. Purrmanns Leidenschaft für das Theater, wie das etwa in einem Brief aus Berlin vom 14. Dezember 1904 (Nr. 14) zum Ausdruck kommt, mag dadurch ihren Anfang genommen haben:[3] »In diese Zeit fiel meine Freundschaft mit dem heute noch betrauerten Wilhelm Wittmann, der ja als Schriftsteller in der Pfalz nicht unbekannt geblieben ist, mir große Anregungen und Ermunterungen gab und dessen tiefe Bildung mir von unschätzbaren Nutzen geworden ist«.[4]

Bei ihm selbst stehen sich die eigenen Schilderungen seiner Kindheit und die eines anderen Jugendfreundes, Karl Deutsch[5], diametral gegenüber. Dieser beruft sich in seinen späteren Briefen auf manch lustigen Jungenstreich, an dem auch Hans Purrmann beteiligt war, etwa von kleinen Raubzügen durch die Obstgärten Speyerer Bürger, die nicht immer erfreulich für die Apfeldiebe ausgingen. Wir lesen auch von heiteren Schulstunden und von einem Lehrer, der sich offenbar mit »seinen Jungen« (Mädchen und Jungen wurden in dieser Zeit noch streng getrennt unterrichtet) gut verstand. Danach zu urteilen, war Hans Purrmann ein Lausbub wie die meisten seiner

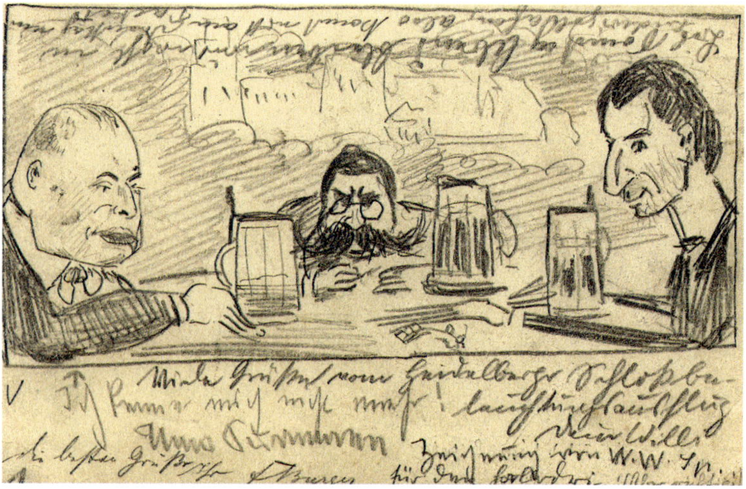

Abb. 5 Wilhelm Wittmann, Heidelberger Schlossfeuerwerk, 1897, Bleistiftzeichnung auf Postkarte, 9 x 14 cm, Privatbesitz

Kameraden. Wir können davon ausgehen, dass er bei diesen anerkannt und beliebt war. Früh zeigte sich bei ihm die Fähigkeit, Freunde zu gewinnen und Freundschaften zu pflegen. Aus seinem späteren Leben wissen wir, dass er seinen Jugendfreunden bis ins hohe Alter verbunden blieb. So ist bekannt, dass er einige von ihnen finanziell unterstützte, wenn sie in Not gerieten. Dem Sohn des bereits genannten Karl Deutsch schickte er 1947 warme Unterwäsche über das Schweizer Rote Kreuz in die Gefangenschaft nach Sibirien. In einem Brief von Heinrich Purrmann wird auch erwähnt, dass er dem Sohn eines anderen Jugendfreundes das Studium finanzierte. Schließlich sei erwähnt, dass er bei der Übergabe der Ehrenbürgerwürde der Stadt Speyer im März 1951 mit etwa 20 Jugendfreunden in den Festsaal einzog, »als ob er die Dreigroschenoper aufführen wollte«, sehr zum Leidwesen der Speyerer Honoratioren, denen er immer kritisch gegenüberstand.

Offenbar begann Hans Purrmann früh einzelne Motive Speyers, u.a. das Altpörtel zu zeichnen, ein frühes Zeichen seiner Begabung.

Wahrscheinlich wirkte sich das auch in der Schule aus. Offenbar war der – an seinen späteren Leistungen ablesbar – hochbegabte Junge schon früh so fasziniert von Licht und Farbe und den Möglichkeiten der Darstellung, dass

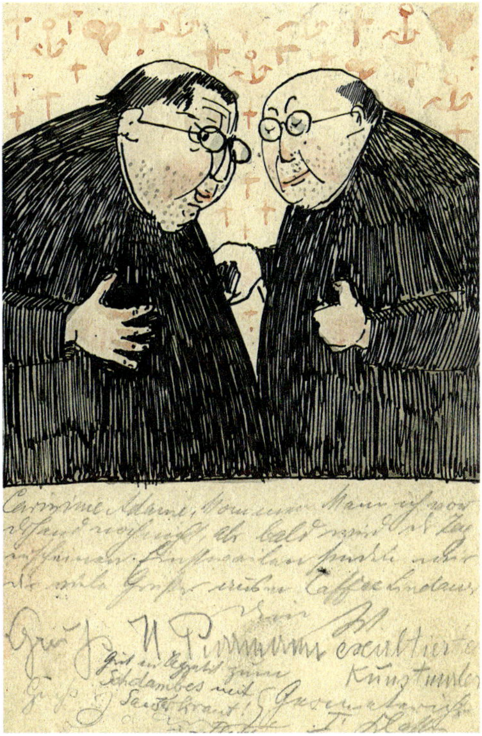

Abb. 6
Wilhelm Wittmann, Grüße aus dem »Caffee Lindner«, 1901, Bleistiftzeichnung auf Postkarte, 14 x 9 cm, Privatbesitz

er, während der Lehrer Rechnen und Schreiben unterrichtete, vom Farbenspiel des Lichtes träumte; das schulische Lernen und seine eigentliche Begabung passten nicht zueinander. Zudem müssen wir ihn als einen Lerntyp ansehen, der nicht unter Druck lernen kann, der aber alles gierig in sich aufsaugt, wenn er selbst darauf stößt.[6] »Ich kam aus Speyer, wo ich die Lehrzeit für das Tüncherhandwerk beendet hatte. In Wissen und Schulbildung hätte mich jedes Dienstmädchen übertreffen können, denn ich kam mühsam und nur als ›schwascher‹ (so schrieb ich einmal zur Heiterkeit des Lehrers dieses Wort) Schüler durch einen Teil der Volks- und ein einziges Jahr der Realschule«.[7] So stellte Purrmann diesen Umstand seines Lebens dar. Aus der sicheren Distanz des erfolgreichen Künstlers tut er dies mit einer gehörigen Portion an Selbstironie. Als 10- oder 12-jähriges Kind wird er aber unter dem Gelächter des Lehrers und seiner Klassenkameraden gelitten haben; er musste es als Kränkung empfunden haben. Ebenso verhielt es sich mit dem

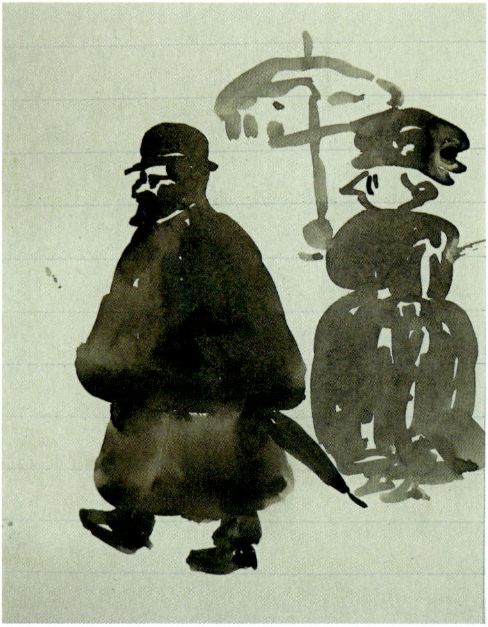

Abb. 7
Wilhelm Wittmann, Herr Schulrat in seinem Loden-Kragenmantel mit Frau Gemahlin, Tusche auf Papier, 14,5 x 11 cm, LBZ/ Pfälzische Landesbibliothek, Speyer N 67

rüpelhaften Benehmen einiger Mitschüler, wie Purrmann seiner Nichte Heidi Vollmoeller erzählte: »Onkel Hans erzählte uns Kindern oft aus seiner Jugendzeit in Speyer am Rhein. In der Schule musste er wegen seiner angeborenen Muskelschwäche viel in Kauf nehmen: So zum Beispiel gaben ihm auf dem Schulhof Buben seiner Klasse einen Schubs, um zu sehen, wie er hilflos hinfiel und nur mühsam wieder hochkam. War er erkältet und musste niesen, blieben seine Augen länger geschlossen als bei anderen, worüber seine Schulkameraden schallend lachten und ihm auf pfälzisch zuriefen: ›Du mit deinen Schinese-Augen.‹«[8] Möglicherweise fühlte sich der junge Hans Purrmann auch durch die katastrophalen räumlichen Verhältnisse im »Volksschulhaus« in der Himmelsgasse bedrückt; denn in diesem mehrstöckigen Haus mit viel zu engen Treppen und Ausgängen wurden 1500 Schüler in viel zu großen Klassen unterrichtet.[9] Nachteiliger als diese Schulprobleme wirkte sich für seine Entwicklung der Lehrplan der damaligen Volksschule für ihn aus. Hauptsächlich wurde »Lesen und Schreiben«, d.h. korrektes Lesen und Rechtschreibung, gelehrt; dazu kam das Auswendiglernen von Gedichten. Im Fach Rechnen standen die Grundrechenarten,

Bruchrechnen, Dreisatz und Prozentrechnen sowie in Geometrie Berechnungen von Vierecken, Dreiecken und Kreisen auf dem Stundenplan; ausgeprägt war auch der Drill im Kopfrechnen. Musik bestand hauptsächlich in Singen und der Kunstunterricht beschränkte sich auf korrektes Zeichnen, besonders von geometrischen Figuren. Fremdsprachenunterricht war völlig unbekannt; überhaupt fehlten alle Elemente, die die Kreativität der Kinder und Heranwachsenden fördern können. Aber gerade diese entsprachen der Neigung und Begabung Purrmanns. Das Fehlen eines angemessenen Fremdsprachenunterrichts musste Purrmann schmerzlich erfahren, als er ohne ein Wort Französisch im Jahr 1905 nach Paris kam. Die Kränkungen der Schulzeit fanden ihre Fortsetzung, als er als Student bei Franz von Stuck in München während der Semesterferien wochentags in der väterlichen Firma arbeitete, in seiner Freizeit aber mit der Staffelei loszog, um in Speyer und der Umgebung im Freien zu malen. »Immer wieder und noch viele Jahre war ich an das väterliche Geschäft gebunden und nur meine freie Zeit gestattete mir, in und um Speyer nach der Natur zu machen. Ich konnte nur auf diese Art meinem Wunsche, die Natur zu studieren, nachkommen und muss in dieser Tätigkeit sehr bald eine stadtbekannte Persönlichkeit gewesen sein. Mehr als die Schnaken störten mich oft die Menschen, die mich dabei lächerlich machten.«[10]

In den Briefen an Wittmann wird immer wieder deutlich, mit welcher Begeisterung, ja Obsession sich Hans Purrmann um Fortschritte in seiner Malerei bemühte. Umso verletzender musste es für ihn gewesen sein, wenn sich Beobachter über ihn und seine Arbeit lustig machten. Im Jahr 1905 veranstaltete der Pfälzische Kunstverein im Heydenreich-Haus in Speyer eine Ausstellung mit Werken Pfälzer Künstler. Dabei wies man Purrmann den größten Raum zu. Zwar hatte er vorher schon ausgestellt, u.a. in der »Berliner Secession«, aber wir dürfen in dieser Speyerer Ausstellung eine besondere Anerkennung erblicken. Sein Freund Wittmann veröffentlichte in der Speyerer Zeitung einen großen Artikel.[11] Für den 25-jährigen Purrmann hätte diese Ausstellung in seiner Heimatstadt und diese Würdigung in der Presse eine große Genugtuung sein müssen. Aber Purrmann blieb unzufrieden. Mehrere Umstände mögen dafür ausschlaggebend gewesen sein: Nirgendwo wird berichtet, dass auch nur ein Bild verkauft worden wäre. Enttäuschend für den jungen Maler, denn ein Verkauf hätte seine wirtschaftliche Lage verbessert. Schließlich ging er wenige Monate später nach Paris; insgeheim hatte er wohl auf eine finanzielle Unterstützung gehofft. Vielleicht hat ihn noch mehr geärgert, dass – wohl hinter seinem Rücken – verächtlich über seine Malerei geredet wurde. Man kann verstehen, dass seine Bilder, die absolut die Kriterien der damaligen Avantgarde erfüllten, von seinen Speyerer Kollegen abgelehnt, ja verspottet wurden, denn sie pflegten noch weitgehend eine brave, traditionelle Malweise. In ihren Augen galt Purrmann als arroganter junger Mann, der sie belehren wollte. Wie in den Jahren nach 1932, als das Triptychon, das Purrmann für den Kreistagssitzungssaal gemalt hatte, heftig bekämpft, ja vernichtet werden sollte, waren diese Gefühle stärker als das Verständnis für die moderne Kunst. Wie tief Purrmann gekränkt war, zeigte er noch zwei Jahre später. In einem Brief von 1907 aus Paris an Wittmann in Zweibrücken[12] berichtet er zunächst von schlechten Besprechungen seiner Bilder in der Berliner Presse; dem stellt er dann seine Verkaufserfolge gegenüber. Unter anderem seien ein Akt für 800 Mark von einem Käufer, »der selbst sehr berühmt sei«, eine Winterlandschaft von Cassirer für 300 Francs sowie zwei andere Werke ohne Preisangabe gekauft worden. Zudem hätte man ihn als ordentliches Mitglied der »Berliner Secession« gewählt. Darüber möge Wittmann in der Speyerer Zeitung berichten und zwar unter Übertreibung des Preises – statt 800 Mark sollte er 1000 Mark einsetzen. Ferner sollte er angeben: »Der in Paris lebende Purrmann«. Begründung: »Ich bin auf die Speyerer so schlecht gestimmt, dass ich sie gerne kränken wollte. [...] Ich glaube selbst, Du hast eine kleine Freude daran, den Schweinen das vor zu reiben.« Wittmann kam dieser Bitte nach und berichtete in der Speyerer Zeitung entsprechend.[13]

Warum wollte Purrmann die Speyerer ausdrücklich kränken? Er konnte doch mit Recht auf seine Erfolge in Berlin stolz sein; auf die Aufnahme in die »Berliner Secession« und damit verbunden die Anerkennung als Maler durch Prominente wie Max Liebermann, auf die Verkäufe bei der Ausstellung und die Beachtung in der Presse. Dazu kommt der Umstand, dass Paul Cassirer ihm für zwei Jahre ein Stipendium gewährte, mit dem er, wenn auch knapp, seinen Lebensunterhalt in Paris bestreiten konnte, ohne dass damit Auflagen verbunden gewesen wären. Dies alles hätte ausgereicht, um den Speyerern zu imponieren. Warum die pubertär anmutende Übertreibung des Preises für ein Gemälde, die Betonung der Bedeutung des Käufers und die Hervorhebung »der in Paris lebende Purrmann«? Man darf vermuten, dass der Schlüssel dazu in seinem Selbstbild liegt. Er war »besessen« von der Malerei, in der er sich mit äußerster Anstrengung ständig zu verbessern suchte – und diese Tatsache schienen die Speyerer nicht genügend zu würdigen. In München, Berlin und Paris stand er in intensiver Verbindung zu den Künstlern der Avantgarde. So gehörten zum Atelier von Franz von Stuck in München neben dem Pfälzer Freund Albert Weisgerber, die Künstler Paul Klee und Wassily Kandinsky, die später Kunstgeschichte schreiben sollten. In Berlin waren es Max Liebermann, Lovis Corinth, Max Slevogt und auch Heinrich Zille, in deren Bannkreis er stand. In Paris waren es die Künstlerfreunde aus dem »Café du Dôme«, der Kreis um die Geschwister Stein – dazu gehörte auch Picasso –, besonders Henri Matisse, die ihn faszinierten. Purrmann war nicht der stille Zuhörer und Beobachter in diesen Kreisen, sondern er diskutierte leidenschaftlich mit; das brachte ihm in München, Berlin und Paris die Anerkennung als Avantgardist ein. In Speyer dagegen war davon wenig zu spüren – im Gegenteil. Im dortigen Künstlerkreis wurde er belächelt und das schmerzte ihn besonders. Denn er blieb sich seiner Speyerer und Pfälzer Wurzeln immer bewusst. In einem Dankesbrief an den Oberbürgermeister der Stadt für die Verleihung der Ehrenbürgerwürde vom 18. April 1950 gab er dem bewegenden Gefühl Ausdruck:

»Meine Verbundenheit mit meiner Geburtsstadt ist niemals geringer geworden, wenn ich mich auch in die weite Welt zu begeben hatte, um mich dort durchzusetzen. Meine geheimsten Gedanken waren doch immer von dem Wunsch getragen: Werde ich auch zu Ehren meiner Herkunft etwas leisten können! Im Grunde war ich genau so glücklich in meiner Jugend, als ich die Farbtöpfe durch die Speyerer Gassen trug und meine Pinsel breit über die Häuserfassaden gleiten ließ, vielleicht war es sogar Vermessenheit, die kleinere Malleinwand dafür einzutauschen. Und wenn ich mich von Zweifeln befallen fühlte, ohne die ein Künstler nicht auszukommen vermag, dann durchmaß ich die Zeit und den Schritt, den ich getan habe, ohne auch hierbei nie ein leises, wehmütiges Heimweh ganz unterdrücken zu können. Aber was soll man als Maler anders machen können, als sich an Begabungen zu messen und sich in der Welt umzusehen, um die Talente, die man zu besitzen glaubt, auszubauen und zu kultivieren. Der Grundstock zu all dem ist doch in der Heimat gelegt worden, liegt in der Erbmasse und ist wohl hauptsächlich in Kindheits- und Jugenderlebnissen zu suchen.«[14]

Die wirtschaftlichen Verhältnisse Purrmanns

Purrmann klagte in seinem späteren Leben oft über die Not, die er während seiner Studienzeit zu erleiden hatte. Vielerlei Anekdoten ranken sich um diese Thematik. Aus der heutigen Perspektive einer wirtschaftlichen Sekurität könnte der Eindruck von Wehleidigkeit aufkommen. Wir dürfen aber nicht übersehen, dass für den jungen Hans Purrmann die Frage, wie er sein Studium finanzieren konnte, von existentieller Bedeutung war. Ohne seinen ausgeprägten Wagemut, z.B. als er ohne gesicherte finanzielle Grundlage nach Paris ging, ohne seine Bereitschaft zu einer grundsätzlichen Askese, wenn es um Vervollkommnung in seiner Kunst ging, hätte er sich mit dem Handwerkerdasein bestenfalls mit einem Status in der regionalen Kunstszene begnügen müssen. So versteht es sich von selbst, dass sein Kopf oft beherrscht war von materiell-finanziellen Fragen, die sein künstlerisches Streben einzuengen drohten. Der handwerkliche Betrieb, den sein Vater Georg Heinrich Purrmann im Jahr 1877 aufgebaut hatte, profitierte vom allgemeinen Bauboom in Speyer. Es war dem Maler- und Tünchermeister gelungen, Aufträge der protestantischen Kirche beim Bau des Diakonissen-Krankenhauses zu erhalten. Auch konnte er mit seinem Angebot des Verkaufs von besonderen Farben und der »Plastischen Zimmer-Dekoration« eine Marktnische besetzen; vor allem mit letzterem entsprach er dem Wunsch von reicheren Bauherren nach künstlerischer Ausgestaltung ihrer Häuser und Wohnungen. Das brachte ihm in Speyer den Spitznamen »Herren-Dinscher« ein; eine Bezeichnung, die sowohl Respekt vor dem Meister und seiner Leistung als auch Distanz gegenüber dem »Herren-Kriecher«, der etwas Besseres sein wollte, ausdrückt (Abb. 8).

Der Vater Georg Heinrich starb im Jahr 1900 im Alter von 56 Jahren; das war auch das vorläufige Ende der wirtschaftlichen Sicherheit der Familie Purrmann. Nur mit großen Anstrengungen gelang es der Mutter Elisabeth, der Tochter Rikchen und dem jüngeren Bruder Heinrich (geb. 1881; er verzichtete auf seine künstlerischen Ambitionen) den Handwerksbetrieb aufrechtzuerhalten, auch wenn ihnen ein Onkel immer wieder aushalf. Erst etwa ab 1910, als Heinrich den Betrieb übernehmen konnte, kehrte der Erfolg zurück.

Auch in den Briefen an Wittmann wird die Geldfrage mehrmals angesprochen. So etwa, wenn er in einem nicht datierten Brief davon spricht, dass

Abb. 8
Anzeige des Betriebes von Georg Purrmann, Adressbuch Speyer, 1890

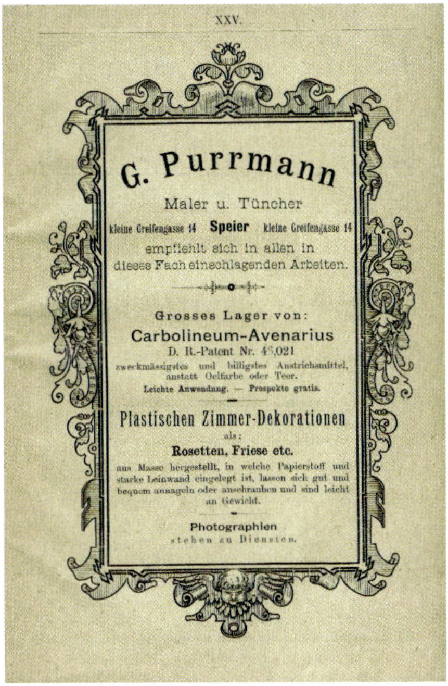

er sich Geld für seine Heimreise von München nach Speyer »pumpen« müsse und deswegen nicht über Würzburg kommen könne, wo sein Freund studierte.[15] Wir gehen davon aus, dass Purrmann von 1897 bis 1905 regelmäßig während der Semesterferien im väterlichen Betrieb arbeitete, um sich den Unterhalt und die Kosten für sein Studium zu verdienen. Das eigentliche Studium musste er so im Wesentlichen auf die Wintermonate konzentrieren, wenn im Handwerk ohnehin weniger Arbeit anfiel. Einzelne Auftragsarbeiten, als er etwa die Witwe Korn porträtierte (Abb. 9), brachten ihm zusätzliche Einnahmen. Belegt ist ferner, dass der junge Student in den Jahren 1902 und 1903 ein Stipendium der Heinrich-Hilgard-Stiftung aus Speyer erhielt; pro Halbjahr betrug dieses immerhin 250 Mark.[16] Im Jahr 1903 wurde sein Malaufenthalt in Duisburg ebenso gefördert.[17] Auch konnte er in Duisburg Zeichnungen verkaufen; mit dem Erlös finanzierte er eine Reise nach Holland.[18] Im gleichen Jahr verbrachte er den Spätsommer, wie auch die beiden Sommer der darauf folgenden Jahre, in Svinar bei Prag; sein Freund und Malerkollege Eugen von Kahler hatte ihn dorthin eingeladen. Offenbar

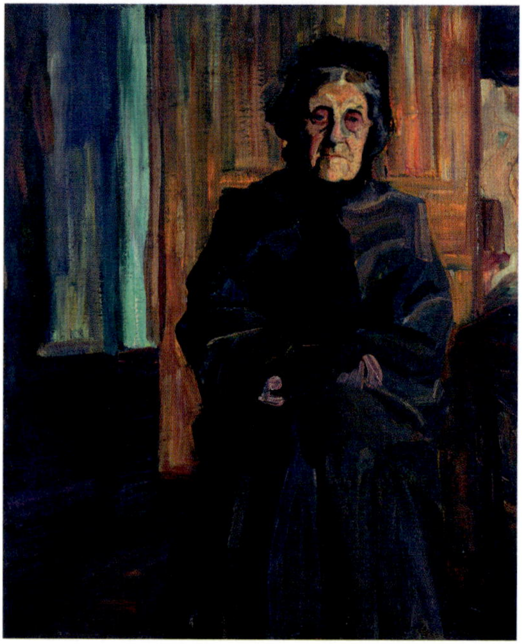

Abb. 9
Hans Purrmann, Bildnis Elisabeth Korn, 1902, Öl auf Leinwand, 103 x 85 cm, Stadt Speyer

unterstützte ihn die Familie von Kahler auch auf andere Weise; bekannt ist, dass sie wenigstens ein Gemälde von Purrmann erwarb.[19] Bisher war unbekannt, dass Purrmann im Jahr 1905, kurz vor seinem Umzug nach Paris, bei Eugen von Kahler in Svinar war.[20]

Im Herbst des Jahres 1905 zog Purrmann nach Paris, die Kunstmetropole Europas. Wie schon erwähnt, war das ein großes Wagnis für ihn; denn weder beherrschte er die französische Sprache, noch verfügte er über einigermaßen gesicherte finanzielle Verhältnisse. Weil die Großstadt Paris besonders teuer war, blieb es nicht aus, dass er häufig in große Schwierigkeiten kam. Auch wenn er sich zunächst mit einem Zimmer begnügte, »das so eng war, dass er die Türe öffnen musste, um sich den Rock anzuziehen«, und wenn er für seine Mahlzeiten nur wenige Francs aufwenden konnte, so gehörte er wohl zu denen im »Café du Dôme«, die auf Geld aus der Heimat warteten oder kamen, um irgendeinen anzupumpen (Abb. 10).

Dazu steht scheinbar im Widerspruch, dass Hans Purrmann durchaus an den Ausschweifungen seiner Künstlerfreunde teilnahm, wie er im gleichen

Abb. 10
Jules Pascin, »Sur son lit du mort a Aschaffenbourg« Paris, 1906, Federzeichnung auf einem Briefumschlag, 12 x 9,5 cm, verso: »3. März 1906 im Café du Dôme Paris um 27 Sous gesteigert«, Privatbesitz

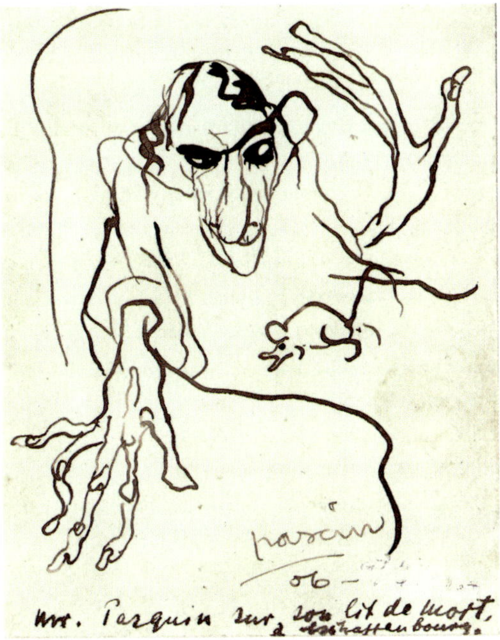

Zusammenhang berichtet.[21] Diese Erfahrungen waren für ihn wohl notwendig, um endgültig aus der Enge seiner Heimatstadt herauszukommen. Im Zentrum seines ganzen Strebens stand jedoch die Kunst; doch das Kunststudium war teuer. Immer wieder hinderten ihn Geldsorgen, sich diesem unbekümmert und frei zu widmen. In den Briefen an Wittmann finden wir dazu verschiedene Belege: »Ich habe nun täglich Modell, zahle jeden Tag 5 francs. Sonst lebe ich einfach und nur der Arbeit. Die kleinen Verkäufe kamen mir für diese Sache sehr, sehr angenehm, aber es kostet, so dass alles schnell aufgeht.«[22] »Mir ging es wahnsinnig schlecht in der letzten Zeit, ich wusste schon gar nicht mehr, was tun, auch ganz ohne Geld und mein Akt kostete mich furchtbar viel. [...] An meine Familie schrieb ich dann [...] um Geld. Ich bittete so sehr ich konnte; (ver) sprach, dass ich billig leben wollte und es möglich machen könnte, indem ich einen Freilichtakt besuche, der in einem Monat nur 50 francs kostet. Leider aber (wurden) mir nur ausgerechnet 60 francs geschickt.«[23] Eine Stütze hatte er in seiner Mutter: So schrieb sie ihm am 7. Oktober 1907: »Und wenn Du in Not, das weißt Du ja, dass ich

Dich nie werde sitzen lassen. Möge es auch herkommen, wo es wolle; Deine Mutter hilft, wo es immer nur möglich sein kann.«

In einem anderen, nicht datierten Brief, wahrscheinlich aus dem Jahr 1902 schreibt sie: »Habe bei Deinem Studium nur immer Dein Geschäft im Auge. Ich meine Aktstudien seien doch gar nicht so notwendig – nun ich weiß nicht.«[24] Purrmann konnte sich grundsätzlich immer auf seine Mutter verlassen, auch wenn sie kein oder nur wenig Verständnis für die Kunst und die künstlerische Ausbildung hatte. Ihrer Hilfsbereitschaft waren jedoch Grenzen gesetzt, denn der Speyerer Malerbetrieb konnte – besonders nach dem Tode des Vaters 1900 – keine großen Einkünfte verzeichnen. Für sie war es selbstverständlich, dass sie für seine Wäsche sorgte. In regelmäßigen Abständen, auch noch aus Paris und der Provence, schickte er die schmutzige Wäsche nach Hause und erhielt sie nach kurzer Zeit gewaschen und gebügelt zurück. Sie schickte ihm, wenn nötig, auch neue Hemden, Unterwäsche und Strümpfe. Es fehlte auch nicht an Paketen mit Nahrungsmitteln. Wenn er nach Hause kam, staffierte sie ihn mit einem neuen Anzug oder auch neuen Schuhen aus. Immer wieder steckte sie ihm hinter dem Rücken des Vaters bzw. der Geschwister Geld aus ihren privaten Ersparnissen zu. Neben der wirtschaftlichen Lage ihres Handwerksbetriebes musste sie die Interessen der beiden Geschwister berücksichtigen; denn diese hatten keine Möglichkeit zu einer qualifizierten Ausbildung wie ihr Bruder. So kam es im Jahr 1907 zu einer Missstimmung zwischen Mutter und Sohn, als er 150 bis 200 Mark monatlich für sein Studium beanspruchte und zudem ankündigte, er wolle zu einem Studienaufenthalt in die Provence auf Empfehlung seines Lehrers Matisse aufbrechen. So berechtigt Purrmanns Forderungen unter dem Gesichtspunkt seiner künstlerischen Entwicklung auch waren, so hätten sie den Malerbetrieb überfordert. In dieser Situation schlug sie vor, nach Hause zu kommen, in Speyer und Umgebung zu malen, diese Bilder dann zu verkaufen und wenn er dann genügend Geld hätte, in Paris weiter zu studieren. Dieser Vorschlag war aus wirtschaftlicher Sicht vernünftig, ließ sich aber mit Purrmanns vorwärts drängendem Streben in der Kunst nicht vereinbaren. Auch wenn die Mutter das letztlich nicht verstand, fügte sie sich dem Willen ihres Sohnes. In seiner Not bat Purrmann einen reichen Speyerer Zigarrenfabrikanten um Hilfe. Er verband damit die Erwartung, einen großzügigen Mäzen zu finden. Als dieser ihm jedoch nur ein Darlehen gegen Zinsen und einen Schuldschein bewilligte, reagierte er tief enttäuscht.[25] Wie

Purrmann im Juni 1908 an Wittmann schrieb, wurde er auch durch den Kunsthändler Paul Cassirer aus Berlin finanziell unterstützt, eine ebenfalls bisher unbekannte Tatsache: »Ich arbeite viel und bin ein Schüler und Freund von Matisse. Ich habe nicht ausgestellt, bekomme aber, um wenigstens einfach leben zu können, von Cassirer noch 2 Jahre Geld, ohne gleich etwas dafür malen zu müssen.«[26]

In einem Brief an Purrmann erwähnt Cassirer dieses Stipendium nicht, aber er beklagt sich über dessen Verhalten, weil er ihm längere Zeit keine Bilder mehr geschickt habe. Noch deutlicher zeigt er seine Verärgerung über das Auftreten und die »Reklame« Purrmanns für Matisse, dessen Kunst er nicht schätzt.[27] Nach diesem Brief konnte Purrmann nicht mehr auf eine weitere Unterstützung durch Cassirer rechnen. Als Antwort sandte er ihm einige Bilder in der Hoffnung, dass diese ihn besser »verteidigen« würden, als wenn er seinen Weg mit Worten erläutert hätte. Vor diesem Hintergrund erscheint die Aufforderung Cassirers an Purrmann, seine Lehrzeit in Paris zu beenden und nach Deutschland zurückzukehren, in einem neuen Licht.[28]

Es ist müßig, darüber zu spekulieren, was geschehen wäre, wenn Purrmann dieser Aufforderung gefolgt wäre, nach Deutschland zurückgekehrt und sich in die deutsche Kunstszene eingegliedert hätte. Möglich ist, dass sich Purrmanns wirtschaftliche Verhältnisse damit merklich gebessert hätten. So aber blieb für ihn der Zustand, dass er nicht sicher von seiner Kunst leben konnte. Er erlebte diesen Umstand als eine Bedrohung seiner künstlerischen Existenz und damit dem Kern seines Lebens. Er lebte von der Hand in den Mund; die Furcht, die finanzielle Unterstützung von zu Hause oder von anderer Seite könnte ausbleiben, begleitete ihn. Ihm fehlte die sichere, dauerhafte materielle Stütze. Er fürchtete ständig, er müsse – ohne sicheren materiellen Halt – seine Kunst aufgeben. Erst durch die Heirat mit Mathilde Vollmoeller im Januar 1912 fand er Ruhe und Sicherheit; dies gilt nicht nur für die materielle Seite, sondern genauso für sein gesamtes Lebensgefühl. Davon zeugt noch ein Brief vom 8. Dezember 1943 aus Montagnola an seinen Neffen Hans Vollmoeller in Zürich, kurz nach seiner Flucht aus Florenz in die Schweiz: »Ich mußte hungern, mußte betteln um jeden Pfennig, mußte Zeit verlieren, konnte nicht arbeiten, konnte mich nicht anziehen, nicht richtig essen, lebte zur Verzweiflung dahin usw.; dann kam Mathilde, die hatte Verständnis für mich, und dann ging mein Leben erst richtig an: Und es scheint, daß es mit ihrem Tode auch wieder für mich zu Ende ist.«[29]

Stationen der künstlerischen Entwicklung Hans Purrmanns

»Wie ich Kunstmaler geworden bin, weiß ich selbst nicht, weder besondere Anlagen, Drang oder auch Ehrgeiz zwangen mich in diesen unsicheren, entbehrungsreichen Weg.«[30]

Als Purrmann sich in der Kunstgewerbeschule in Karlsruhe einschrieb, dachten weder sein Vater noch er selbst daran, dass er einmal ein Maler von nationalem, ja europäischem Rang werden könnte. Vielmehr lag es in der Logik des väterlichen Geschäfts, wenn der älteste Sohn der Familie das Erbe seines Vaters, dazu gehörte auch die Dekorationsmalerei, fortsetzen würde. Man kann zwar darüber spekulieren, dass der Vater während seiner Wanderzeit Interesse an großer Kunst gezeigt und Kunstdrucke gesammelt hatte; darin können wir eine grundsätzliche Offenheit für die Kunst sehen, die ihn befähigte, Verständnis für den Sohn aufzubringen, als dieser zum Studium nach München ging. Interessant in diesem Zusammenhang ist, dass ein Vetter Hans Purrmanns, nämlich der 1877 in Speyer geborene Karl Purrmann[31], ebenfalls Maler wurde, ohne allerdings einen Rang in der Kunstgeschichte zu erreichen. Auch sei erwähnt, dass der jüngere Bruder von Hans Purrmann sich in der Malerei versuchte; wenigstens ein Bild von ihm ist bekannt. Vielleicht darf man doch daraus schließen, dass in der Familie Purrmann »Künstlergene« vorhanden waren. Bestärkt wurde seine Leidenschaft für die Malerei mit Sicherheit durch seinen Freund Rudolf Levy, mit dem er bis zu dessen Tod auf dem Transport nach Auschwitz 1943 eng verbunden blieb.

Die Kunstgewerbeschule in Karlsruhe war für Hans Purrmann jedenfalls die erste Stufe seiner künstlerischen Karriere, die ihn steil nach oben führen sollte. Aus heutiger Sicht können wir Purrmanns Persönlichkeit nur verstehen, wenn wir seinen starken Willen, seine künstlerische Berufung und auch seine außergewöhnliche Begabung zur Kenntnis nehmen. Wenn er davon spricht, dass weder »eine besondere Anlage, Drang oder auch Ehrgeiz« ihn auf diesen »unsicheren und entbehrungsreichen Weg« zwangen, so spiegelt sich in dieser Selbsteinschätzung seine Bescheidenheit wieder, gepaart mit bis ins Alter ausgeprägtem Zweifel am Wert seiner Arbeit. Die Briefe an den Freund sind Zeugnisse der künstlerischen Entwicklung Hans Purrmanns in der entscheidenden Lebensphase zwischen seinem 23. und 30. Lebensjahr, einem Lebensabschnitt, in dem bei den meisten Menschen die Grundentscheidungen fallen. So auch bei Hans Purrmann. Dem väterlichen Hand-

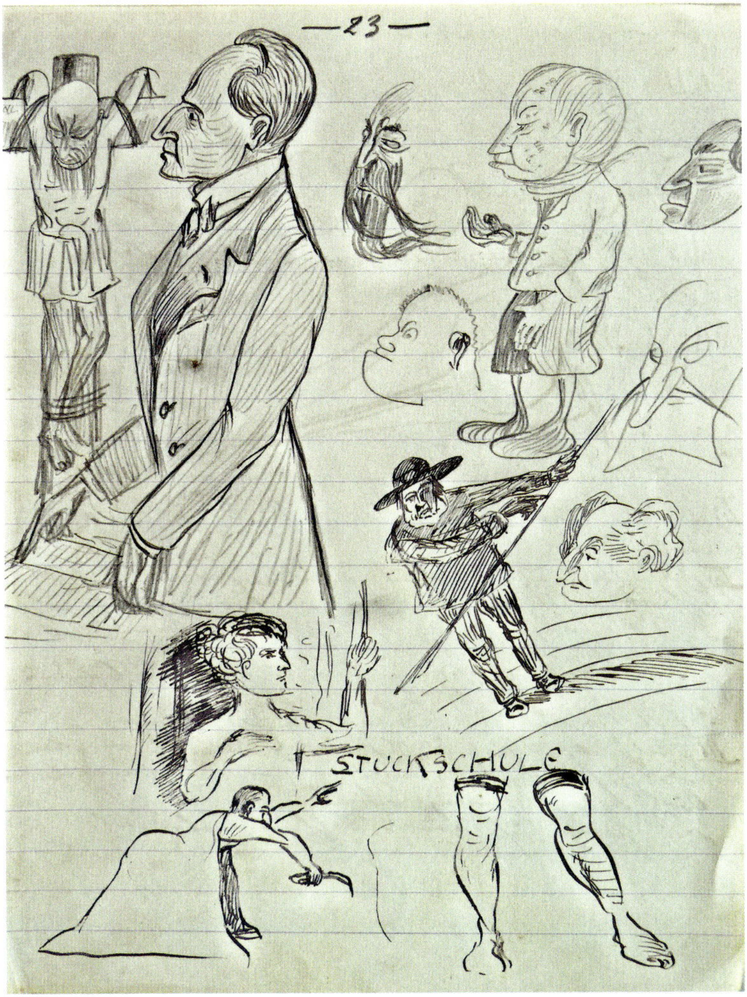

Abb. 11 Wilhelm Wittmann, Karikatur der Stuck-Schule, um 1901, Federzeichnung auf Löschpapier, 29,5 x 21 cm, LBZ/Pfälzische Landesbibliothek, Speyer, N 76

werksbetrieb war er entwachsen, auch wenn er immer noch wegen seiner wirtschaftlich unsicheren Verhältnisse und der Unsicherheit über den Wert seiner künstlerischen Arbeit fürchtete, zurückzufallen. Die Aussicht, Häuser anzustreichen, und hin und wieder Zimmer schablonenhaft nach den Wünschen der Kunden auszumalen oder auch gelegentlich »Personenbilder« zu erstellen, erschreckte ihn. Dem Zufall ist es wohl zu verdanken, dass Purrmann in den Briefen an Wittmann zunächst von seinem verbissenen Ringen um einen eigenen Weg in der Kunst bei trübem, kaltem Wetter im Bayerischen Wald[32] berichtet. Am Ende schreibt er, seiner selbst sicher, euphorisch vom Licht der Provence.[33] Dazwischen befindet sich ein Brief aus Speyer[34], in dem er über seine schlechte Laune und Faulheit klagt mit der Begründung »die ewig graue Stimmung ohne Sonne ist mir langweilig«. Der Augenmensch Purrmann brauchte zur vollen Entwicklung seiner Malkunst offenbar neben den Anregungen der großen Meister der Vergangenheit und besonders seines Lehrers Matisse die helle Sonne des Südens, die allen Farben eine besondere Intensität verleiht. Seinem Münchner Lehrer Franz von Stuck war er hingegen dankbar, dass dieser ihn gefördert, vor allem dass er seine Eigenheiten akzeptiert hatte. Doch blieb eine spürbare Distanz zwischen beiden.[35] Den Grund können wir aus der beigefügten Karikatur Wittmanns erkennen, die Stuck in seinem Atelier bei einer charakteristischen Szene mit einem Modell am Kreuz und mehreren seiner Schüler zeigen soll (Abb. 11).

Purrmann lehnte alles Pathetische ab, auch mythologische Darstellungen waren ihm fremd. Seine künstlerische Auffassung neigte sich in dieser Zeit immer mehr einer Orientierung an der Natur zu.[36] Slevogt, Liebermann und Corinth sowie auch die französischen Impressionisten erregten seine Aufmerksamkeit. Dazu kam wohl für einige Zeit auch ein Interesse an Menzel. Vor diesem Hintergrund ist zu verstehen, dass es ihn nicht in München hielt. Mitten im Winter 1903 machte er sich nach Regen im Bayerischen Wald auf, um dort »Schnee zu malen« – eine Flucht aus dem Atelier in die Natur. Es scheint, dass ihn die schlechte Witterung davon abhielt, diesen Plan zu realisieren. Nach einigen Versuchen entstehen ein Interieur-Bild aus der Arbeitswelt einer Szene »Im Schlachthaus« sowie ein verschollenes Bild einer »Sägemühle«. Die Reflexion über seinen Weg als Maler quälte Purrmann und ließ ihn nicht zur Ruhe kommen. »Mir kommt es immer vor, als sei ich nahe daran, den richtigen Weg zu finden, der meine Lebensarbeit beginnen soll. [...] Manchmal bin ich recht niedergeschlagen, [...] ich nehme es ernst mit der Malerei und bin nie zufrieden.«[37] Die Arbeitswelt beschäftigte den Künstler auch bei seiner nächsten Station, nämlich in Duisburg, wo er die »Arbeiter im Stahlwerk« und die »Johanneshütte« malte. Jedenfalls auch hier bedrängen ihn Zweifel: »Ich bin sehr oft niedergeschlagen, bis ich nur einmal malen kann und dann wird ja eine Zeit vergehen, bis ich einmal weiß, was eigentlich zu malen ist, bis alle Maler, die derartiges schon gemacht haben, verdaut sind. [...] das wird eine schwere Zeit. Ich mache mir den Anfang schon sehr unbequem.«[38]

Arbeiter und Arbeitswelt waren nur eine experimentelle Zwischenstation seines Weges. Bereits bei einer kurzen Reise nach Holland, die Hans Purrmann durch den Verkauf von Skizzen an »Herren« der Kruppwerke möglich wurde, klingt eine andere Orientierung an; es sind die klassischen Vorbilder und auch die Städte Hollands und das Meer, die ihn zuversichtlich stimmen: »Rembrandt, Mensch, da staunt der Laie, Franz Hals, das sympathische, schöne Holland – Amsterdam, Harlem und im Haag das Meer.«[39] Am Ende des Sommers 1903 besuchte der Künstler seinen Freund Eugen von Kahler in Svinar bei Prag, wie er das auch in den folgenden Jahren tat. Gemeinsam widmeten sie sich der Malerei. Die Briefe von dort an Wittmann enthalten keine Hinweise auf die Bilder, die bei diesem Aufenthalt entstanden. Erst später ist davon die Rede.[40]

Seine nächste Station – Berlin – versetzte Purrmann in helle Begeisterung: Schon der erste Brief an Wittmann[41] ist Loblied auf die Stadt und ihre Kunstschätze: »Deufel, ist Berlin eine feine Stadt [...]. Eine große Monet-Ausstellung sah ich bei Cassirer. Da staunt der Laie! 9 Bilder von ein und derselben Brücke im Nebel (London) und außerdem Bilder von einer Kirche. In der Nationalgalerie kann man auch viel sehen. Ich habe ziemlich große Augen gemacht. Das neue Kaiser Friedrich Museum ist schöner, als Christus sich den Himmel ausgedacht. Rembrandt, Goya sah ich jetzt schon, 8 Stück Rubens, Velasquez. [...] Berlin bleibt unsere Zukunft.«

Ganz anders als sein Freund Wittmann erlebte Purrmann die aufstrebende, hektische Großstadt mit ihren Häuserschluchten nicht als bedrängend (Abb. 12), auch wenn er seine Begeisterung einschränkt: »Gott was machen die schlechte Häuser und Denkmäler. Es bleibt doch genug.«[42] Ferner schreibt Purrmann: »Bin nahezu jeden Abend im Theater, wundervolles Spiel! Kenne ein paar Schauspieler, bin immer auf guten Plätzen umsonst, das machen die Dir so lästigen reichen Leute«.[43] Im gleichen Brief erfahren wir

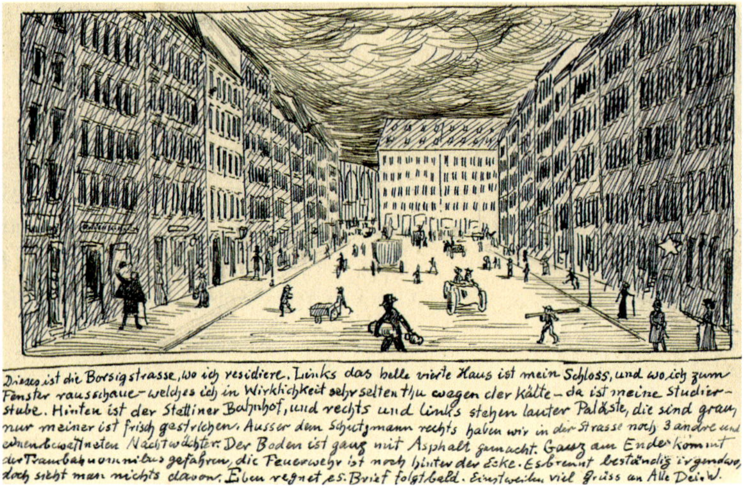

Abb. 12 Wilhelm Wittmann, Borsigstraße in Stettin, um 1901/02, Federzeichnung auf Postkarte, 9 x 14 cm, Privatbesitz

auch, dass er in Buchhandlungen stöberte und sich über Neuerscheinungen zur Kunst und Kunstgeschichte informierte. Die Begegnung mit den Kunstwerken der großen Meister in den Museen und Privathäusern, zu denen er auch bald Zugang fand, ließen ihn alles Kleinstädtische und Provinzielle vergessen; selbst der Lärm störte ihn nicht.

Seinen Tagesablauf beschreibt er in einem Brief wie folgt: »Ich wohne in einem Atelier ziemlich gut, für Berlin ein Sau-Glück so etwas zu finden, am Tiergarten, die Bahn macht einen Mordslärm. Bin schon fest in Arbeit, ich denke jede Minute, und gleich wo ich bin, daran. […] Nur mit dem Köpfemalen geht es nicht besser; jeder Kopf ist eine neue Aufgabe, aber mit so verfluchtem Ernst war ich noch nie dabei. Ich zeichne bei Corinth zwei Stunden Abendakt, jeden Tag – es ist eine Einführung, ich hätte nie gedacht, so ein Interesse an der organischen Form zu bekommen. Es sind meist dunkle Tage. Ich arbeite von 10 bis 1 Uhr im Atelier, dann schnell zum Mittagessen […], ganz nahe bei dem Kaiser Friedrich Museum, das ich beinahe regelmäßig bis 3 Uhr besuche. Rubens, Velasques und Rembrandt, was anderes habe ich noch nicht gesehen. Ich glaube kaum, daß ich für die deutschen und italienischen Meister Zeit bekomme. […]«[44] Im gleichen Brief erfahren wir:

»Außerdem bekam ich nie so feine Bilder zu sehen als in Privathäuser[n]. Lerne Cassirer kennen und wurde mit Zille bekannt, einem Zeichner.« Auch wenn er einzelne Empfehlungen, z.B. von dem Münchner Professor Karl Voll hatte, musste der gerade 24-jährige junge Mann sich Berlin wie im Rausch erschlossen haben. Bedenkt man, dass zwischen dem Brief Nr. 12 vom 19. November und dem Brief Nr. 14 vom 14. Dezember nicht einmal vier Wochen liegen und sieht, was Purrmann in dieser Zeit alles erlebt und in sich aufgenommen hat, so kann man nur über seine Vitalität und seine ungeheure Neugierde staunen; »das Berlin« ließ ihm keine Ruhe. Zu seinen Entdeckungen dieser Zeit gehörte auch Rubens. Wie sehr er davon bewegt wurde, berichtet er in einem Brief, wohl kurz vor Weihnachten 1904: »Ich komme eben aus dem Kaiser Friedrich Museum, hätte beinahe große Lust, ein Stück aus einem Rubensbild zu copieren; ich habe nur Angst, es könnte zu viel Zeit kosten. Rubens kam ich nie näher als jetzt. Es ist nicht zu sagen, was der Kerl kann und wie wenig das heute geschätzt wird. Rubens lässt mich nicht mehr schlafen. Verstehst Du, das von einem Menschen, der Manet[s] und Monets Jünger ist? Ich Unglücklicher, was ist mit mir geschehen? Ich werde von nichts warm; und selbst Rembrandt, den ich als Mensch so liebe und unendlich verehre, die Straße des Lichts mir so unendlich Freude machte, er bleibt mir fest verschlossen, ich verstehe nicht und komme nicht über die braunen und harten Tiefen. Jetzt kann ich verstehen, warum ein Rubens, als er nach Amsterdam kam, Rembrandt nicht aufsuchte, überhaupt ist von Rembrandt bei ihm nie die Rede, nur der große Velasquez war sein Freund. Kreuz, Teufel, die Auswahl wird immer kleiner, Böcklin und Klinger Scheißdreck, Menzel kein Maler. Es bleiben nur Manet und Monet, van Gogh, Sisley und Pissaro. Hat denn sonst noch etwas Stand [?]«[45] Wieder haben ihn Zweifel befallen. Seine bisherigen Arbeiten erschienen ihm fragwürdig, weil sie einem Vergleich mit den großen Meistern nicht standhalten konnten; er nannte sie »Scheißbilder« und »die stinkende Allee«.[46] Aber er bleibt nicht in dieser Stimmung stecken. In einem nicht datierten Brief, geschrieben in der ersten Februarhälfte, kommt das zum Ausdruck. Jetzt lernt er zeichnen und fühlt sich dabei wolllüstig. »Es beschäftigt mich auf einmal die Zeichnung ganz von selbst. […] Jetzt lerne ich erst zeichnen, fühle dabei wollüstig.«[47] Offenbar hat Hans Purrmann einen Weg gefunden, Zeichnung und Farbe miteinander zu verbinden; das ist der Gewinn auf dem Weg zu einem eigenen Stil. Berlin brachte dem jungen Maler auch die erste große öffentliche Anerkennung: auf

Vorschlag Liebermanns wurde er in die »Berliner Secession« aufgenommen. Dies war eine Auszeichnung, da ein Künstler in der Regel mehrmals in dieser avantgardistischen Künstlervereinigung vertreten sein musste, ehe er ordentliches Mitglied werden konnte. Die Präsentation seiner Werke an einer so hervorgehobenen Stelle rief aber auch die Kritiker auf den Plan. Es waren, wie zu erwarten, nicht nur positive Beurteilungen, sondern auch massive Ablehnungen, die Purrmann jetzt erfuhr.

Das traf ihn zum Teil sehr schwer, entsprechend heftig waren seine Reaktionen.[48] Auch wenn Purrmann sich nur wenige Monate in Berlin aufhielt, so hatte er doch einen großen Schritt in seiner Entwicklung gemacht. Für seine Karriere waren die persönlichen Begegnungen mit Liebermann, Corinth und Paul Cassirer, sowie die Aufnahme in die »Berliner Secession« von großer Bedeutung. Vermutlich waren es wirtschaftliche Gründe, weswegen er nur etwa fünf Monate in Berlin blieb. Stattdessen verbrachte er den Sommer in Speyer. Inwieweit die Ausstellung des dortigen Kunstvereins im Jahr 1905 dabei eine Rolle spielte – in der Presse wird er noch als »Berliner Maler«[49] bezeichnet –, kann nicht abschließend geklärt werden. Nach einem erneuten Besuch in Svinar folgte Hans Purrmann im Herbst 1905 seinen Freunden nach Paris, der damaligen Kunstmetropole. Die Korrespondenz mit seinem Freund Wilhelm Wittmann beginnt erst wieder mit Purrmanns Aufenthalt in Paris. Leider sind auch diese Briefe nicht oder nur unvollständig zu datieren. Dies ist umso bedauerlicher, da die zeitliche Einordnung, etwa seiner Beziehungen zu Berlin außerordentlich erschwert wird. Auch über den Besuch Wittmanns in Paris sind keine Hinweise in den Briefen enthalten. Oben wurde schon auf die Zeichnung »Pasquin au lit du mort« hingewiesen, die Wittmann 1906 erworben hat.

Wahrscheinlich im Jahr 1908 oder 1909 entstand die Zeichnung »Grande Académie de Peinture en Öl de Purrmann et Matisse – Prima Referenzen«, mit der Wittmann die Académie Matisse und Purrmanns Rolle als Massier karikiert (Abb. 13).

Hans Purrmann erfuhr in Paris seine endgültige »formation«. Entscheidend waren vor allem die Begegnung mit Henri Matisse und das Erleben der südlichen Sonne in Südfrankreich. Wie immer plagte er sich mit seinen Arbeiten, war gequält von Selbstzweifeln. Keine Spur findet sich über das Leben im »Café du Dôme« oder Beziehungen zu anderen Malern oder auch dem Salon der Familie Stein. Er schreibt: »Ich bin wieder fest mit meiner

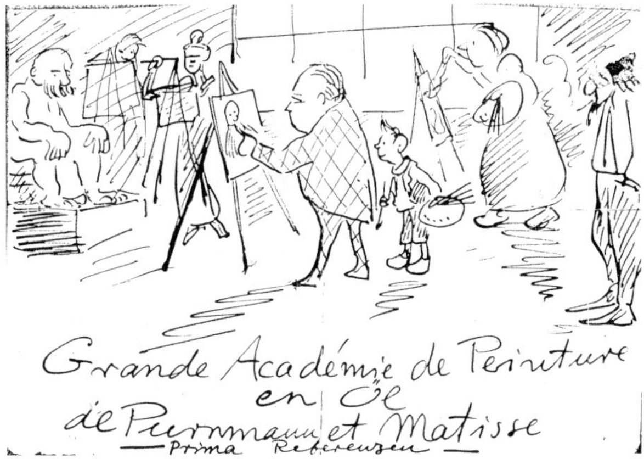

Abb. 13
Wilhelm Wittmann, Grande Académie, 1908/09, Federzeichnung auf Papier, 16 x 21 cm, Privatbesitz

Arbeit im Unreinen, schinde und plage mich schwer damit herum, so daß ich zu nichts anderen komme, mich selbst und andere zu sehr vernachlässige.«[50]

Offenbar bedrückten ihn auch wieder finanzielle Sorgen, denn das Leben in Paris war teuer. Da kam es ihm sehr zugute, dass er von Cassirer ein Stipendium bekam, wie das aus einem Brief vom Juni 1908 hervorgeht.[51] Weihnachten 1907 schreibt Purrmann: »Ich arbeite viel und bin Schüler und Freund von Matisse.«[52] Ferner: »Ich lebe in einer mir sehr Unruhe bringenden Zeit. Ich wollte nach dem Süden, und bleibe aus Gründen hier, die es mir der Mühe wert erscheinen lassen. Der stärkste der jungen französischen Maler Henri Matisse, mein bester Freund, gab mir Anregungen, die mir alle Zeit und Gedanken wegnehmen und mich in meiner Kraft förmlich umdrehen. Für Matisse konnte ich nichts tun, als Osthaus zu bewegen, für Hagen ein großes Bild und 6 Zeichnungen zu kaufen, Cassirer zu einer Ausstellung zu bewegen und in der Schwarz-Weiß-Ausstellung seine Zeichnungen vorzustellen; in dieser Ausstellung ich auch ausgestellt habe [sic!].«[53]

Von einem Bild ist in dieser Zeit häufiger die Rede, ein Gemälde des »Pont Neuf« in Paris. Leider kann anhand der vorliegenden Briefe nicht festgestellt werden, wann dieses Bild entstanden ist und wo es verblieben ist. In den uns vorliegenden Briefen wird exemplarisch am Beispiel dieses Bildes deutlich, wie sehr sich Purrmann bei seiner Malerei geplagt hat.[54] Zum ersten Mal ist davon die Rede, dass es bei Paul Cassirer in Berlin ausgestellt war und von Otto [wohl Bruno] Cassirer erworben wurde.[55] Leider kennen wir auch das Datum dieser Ausstellung nicht. In einem späteren Brief heißt es: »›Die Brücke‹ habe ich wieder hier, gefällt mir aber so wenig, daß ich Dir lieber etwas anderes dafür geben werde. Ich bin ja so fest in Arbeit, daß sicher etwas herausschaut und ich eine Wahl habe.«[56] Danach hätte Purrmann dieses Gemälde von der Ausstellung in Berlin zurück erhalten und es neu bearbeitet. Als Purrmann in Speyer zu Besuch war – es könnte im Frühjahr 1908 gewesen sein –, lesen wir: »In Paris an der Pont-Neuf habe ich mich sehr geplagt. Ein Bild ist gut geworden und eine Skizze, die ich für Dich bestimmt habe, sonst wenig; ich habe alles in Paris gelassen.«[57] Ende des Jahres 1909 stand Purrmann an einem Scheideweg: Paul Cassirer forderte ihn auf, wie schon oben gesagt, nach Deutschland zurückzukehren: »Wird Ihre Lehrzeit nicht bald vorüber sein? Werden Sie nicht bald nach Deutschland zurückkommen und sich auf den Boden stellen, auf dem Ihr Talent und Ihr Wesen gewachsen ist?«[58]

Cassirer stand Matisse und seiner Kunst sehr kritisch gegenüber; dieses negative Urteil hatte er sich bei dem Besuch von Matisse und Purrmann im Frühjahr 1909 gebildet.[59] Wäre Purrmann diesem Ruf gefolgt, dann hätte er sich konsequenter Weise an den Malern in Deutschland, etwa an Liebermann, ausrichten müssen. Sein innerer Bezug zur französischen Avantgarde wäre dabei in den Hintergrund geraten. Das war für ihn kein gangbarer Weg. Mit seinen Bildern aber, die er fortan malte, konnte er auf lange Sicht Cassirer überzeugen. Auch das Urteil über Matisse wurde in den späteren Jahren, nicht zuletzt durch Purrmanns Einfluss, revidiert. Im Jahre 1909 jedoch sah sich Purrmann vor eine Alternative gestellt.

Purrmann entschied sich für Matisse und begleitete ihn in den Süden. Dort ließ sich Purrmann von der Landschaft und der Sonne in der Provence verzaubern und gab damit seinem Werk eine neue Grundrichtung. Wenn er im »Norden« weilt, so scheint ihm Inspiration zu fehlen. So schreibt er zum Beispiel 1906 aus Speyer: »Ich bin sehr schlecht aufgelegt, hundemüde und mächtig faul. Es interessiert mich nichts zu malen und die ewig graue Stimmung ohne Sonne ist mir langweilig.«[60] Wie anders klingen seine Briefe, wenn er aus dem Süden schreibt. Man kennt seinen sonst eher nüchternen Stil nicht wieder, wenn er seinen Lobgesang auf die Farben und das Licht der Provence anstimmt: »Ich bin in Cassis, wo ich den Sommer über bleiben werde. Hier ist eine Sonne, mein Lieber, ein blaues Meer und Früchte in Fülle.«[61] Oder ebenfalls aus Cassis: »Hier ist schöner Sommer. Farben und die

Gärten und Anhöhen haben ein freundliches Aussehen. Auch blühen die Mandeln!«[62] Seinem Freund rät er aber ab, als dieser seine Hochzeitsreise in die Provence plant, weil die Hitze schwer zu ertragen sei, wenn jemand nur als Tourist für kurze Zeit dorthin komme. Er selber habe sich an das Klima gewöhnt und die Gewohnheiten der Einheimischen angenommen: »Es ist was ganz anderes für mich, wenn man sich gewöhnt und darauf einrichtet und nicht im Eisenbahnwagen sein muß, die Hitze erreicht bis zu 42 Grad. Ich habe wohl großen Lohn dafür. Die Landschaft ist von einem Reichtum, den Du Dir nicht vorstellen kannst; von einer Farbe, die schwer zu malen und noch weniger zu beschreiben ist: Der Himmel, wie ein wunderschöner tiefblauer Vorhang hinter allem; das Meer blau, blau, mein Gott, wie schön. Ein Geruch ist in der Luft, wunderbar, stark, der Winter ist nicht dasselbe, obwohl auch immer 18 bis 25 Grad Wärme ist, der Himmel immer blau ist, die Bäume Oliven und Pinien immer grün sind. [...] Hier bedauert man nicht geboren zu sein trotz der Hitze.«[63]

Im südlichen Licht der Provence erlebte Hans Purrmann immer wieder »künstlerische Sensationen«[64] im Sinne von Sinneseindrücken. Die griechischen Philosophen haben diese Erfahrung als »Thaumazein« beschrieben, als das »Staunen«, »Sich Wundern«, »Verblüfft sein«, und darin den Anfang aller Erkenntnis und Philosophie gesehen. Bei Purrmann löste die Licht durchflutete Landschaft der Provence eine solche »sensation«, ein »Staunen« aus, das ihn sein Leben lang nicht mehr los ließ.

ANMERKUNGEN

1 »Wo man ging und stand, irgendwo standen Sie, bei jedem Wetter, und malten, nicht fanatisch, ohne jedes Gefühl für Intellektualität – und doch waren Sie einer der gescheitesten Männer, die ich je in meinem Leben traf. Grundklug, aus den ursprünglichsten Elementen heraus, aus dem tiefen Instinkt für das, was Schein und was Wirklichkeit bedeutet.« Nach Leisen 2002, S. 92, Anhang.

2 Zum Folgenden vgl. Fenske 1983; ferner: Klotz 1971, S. 172ff.

3 Wie intensiv die Freundschaft war, zeigt auch folgende Episode: Nach einer mündlichen Überlieferung soll Purrmann bei einem Besuch seines Freundes im Atelier in München Wittmann zwei Bilder geschenkt haben, die er gerade zerstören wollte, weil sie ihm nicht gefielen. Es handelt sich dabei um die beiden Bilder »Stillleben« und »Industriehafen Duisburg-Hachfeld«, die über einen entfernten Verwandten Wittmanns als Geschenk der Ike und Bertold Roland-Stiftung ins Purrmann-Haus Speyer gekommen sind.

4 Göpel 1961, S. 10 bezieht sich auf Purrmanns Studienzeit in München.

5 Die entsprechenden Briefe befinden sich im Hans Purrmann Archiv in München.

6 Brief aus Berlin Anfang 1905, Nr. 17: »bei mir muss alles von selbst kommen«.

7 Göpel 1961, S. 11.

8 Vollmoeller 1981, S 121.

9 Siehe Fenske 1983, S. 252; die Rossmarktschule wurde erst 1893 eingeweiht.

10 Göpel 1961, S. 9f.

11 Siehe Anhang, S. 129ff.

12 Brief Nr. 23. vom 9. Mai 1907 aus Paris.

13 Siehe Anhang, S. 133. Der oben angeführte Brief und der Zeitungsbericht zeigen, wie »Nachrichten« entstehen können. Bisher wurde angenommen, dass Purrmann den Akt für 1000 Mark verkauft habe; jetzt wird aber deutlich, dass er den Preis bewusst hoch gesetzt und Wittmann dieses Spiel mitgemacht hat.

14 Zitiert in: Leisen 2010, S. 61. Bei der Interpretation dieses Briefes sollte bedacht werden, dass es sich um einen Dankesbrief handelt. Eine Textsorte, die wenig geeignet ist, kritische Aussagen zu treffen.

15 Brief Nr. 8 o.D., wahrscheinlich 1903.

16 Jöckle 2001, S. 268.

17 Leider konnte nicht geklärt werden, um welches Stipendium es sich handelt. Die Vermutung liegt nahe, dass es sich um ein Stipendium der Heinrich-Hilgard-Stiftung handelt. Die Quellenlage lässt aber keine sichere Aussage zu. Die zur Verfügung stehende Summe kann aber nicht sehr bedeutend gewesen sein, weswegen sich Purrmann um eine Verdoppelung bemühte. Vgl. Brief Nr. 2 vom 2. Februar 1903.

18 Brief Nr. 9 vom 15. September 1903, aus der Nähe von Prag an Wittmann.

19 Brief der Mutter Elise Purrmann an ihren Sohn Hans vom 2. Oktober 1905, Hans Purrmann Archiv München: »Familie Kahler schickte uns eine hübsche Karte mit Bild. Lass uns vielmals danken. Ach Hans, ich würde gern einmal schreiben, aber ich, wo ich so tief stehe, würde ein solches Schreiben nur lächerlich machen, also danke bestens in meinem Namen für alles Gute, was Familie Kahler an uns schon getan hat. Du wirst Dich länger aufhalten, [als Du] Dir vorgenommen [hast]. Wir freuten uns schon auf ein Wiederkommen; es wird [Dir] jedenfalls mehr geboten, und ich bin zufrieden mit dem Bewusstsein, dass es Dir besser geht als zu Hause.«

20 Vgl. Jöckle 2001, S. 274.

21 Göpel 1961, S. 58.

22 Brief Nr. 28 vom 14. Februar 1907 aus Paris.

23 Brief Nr. 23 vom 9. Mai 1907.

24 Briefe der Mutter an Hans Purrmann im Hans Purrmann Archiv in München.

25 Brief Nr. 23 vom 9. Mai 1907 aus Paris.

26 Brief Nr. 26 vom Juni 1908 aus Paris.

27 Abschrift eines undatierten Briefes im Hans Purrmann Archiv München.

28 Dieser Brief ist nur in einer Abschrift Purrmanns an Mathilde Vollmoeller vom Dezember 1909 bekannt (Hans Purrmann Archiv München). Auf ihn wird erstmals hingewiesen in Lenz 2006.

29 Brief im Purrmann-Haus Speyer.

30 Göpel 1961, S. 9.

31 Karl Purrmann, geb. 1877 in Speyer. 1883 umgezogen nach Stuttgart. Dort verstorben 1967.
32 Brief Nr. 2 vom 2. Februar 1903 aus Regen.
33 Brief Nr. 29 vom 25. Juni 1909 aus der Provence.
34 Brief Nr. 20 vom 15. Juli 1906 aus Speyer.
35 Brief Nr. 17 [Berlin, Anfang 1905].
36 Vgl. Göpel 1961, S. 9.
37 Brief Nr. 2 vom 2. Februar 1903 aus Regen.
38 Brief Nr. 5 aus Duisburg vom 23. April 1903.
39 Brief Nr. 9 aus der Nähe von Prag, 15. Sept. 1903.
40 Brief Nr. 9 vom 15. September 1903 und Brief Nr. 18, Berlin 25. Januar 1905.
41 Brief Nr. 12 vom 19. November 1904 aus Berlin.
42 Brief Nr. 12 vom 19. November 1904 aus Berlin.
43 Brief Nr. 14 vom 14. Dezember 1904 aus Berlin.
44 Brief Nr. 14 vom 14. Dezember 1904 aus Berlin.
45 Brief Nr. 15 vor Weihnachten 1904 aus Berlin.
46 Brief Nr. 16 vom 2. Januar 1905 aus Berlin.
47 Brief Nr. 17 [Berlin, Anfang 1905].
48 Brief Nr. 20 vom 15. Juli 1906 aus Paris; ferner Brief Nr. 23 vom 9. Mai 1907 aus Paris.
49 siehe Anhang, S. 129.
50 Brief Nr. 21 aus Paris [Mitte 1906].
51 Brief Nr. 26 vom Juni 1908 aus Paris.
52 Brief Nr. 26 vom Juni 1908 aus Paris.
53 Brief Nr. 25 vom 23. Dezember 1907 aus Paris.
54 Brief von Purrmann vom Dezember 1909 aus Paris an Mathilde Vollmoeller in Stuttgart, Hans Purrmann Archiv München, auch Brief Nr. 20 vom Juli 1906.
55 Brief Nr. 23 aus Paris vom 9. Mai 1907.
56 Brief Nr. 21 aus Paris [Mitte 1906].
57 Brief Nr. 21 aus Paris [Mitte 1906].
58 Der Brief von Paul Cassirer von 1909 befindet sich in Abschrift im Hans Purrmann Archiv.
59 Vgl. die Kontroversen um 1910/12: Vinnen 1911; Schubert 1983 etc.
60 Brief Nr. 20 vom 15. Juli 1906 aus Speyer.
61 Postkarte Nr. 28 vom 6. Mai 1909 (?) Cassis.
62 Postkarte Nr. 27 vom 26. Februar 1909 (?) Cassis.
63 Brief Nr. 29 vom 25. Juni 1909 aus Cassis/Hotel Cendrillon.
64 Er (Purrmann) benutzt dabei die Ausdrücke der französischen Ateliersprache. »Sensibilité« ist die nervöse Gespanntheit, mit der ein Natureindruck aufgenommen und und mit vibrierender Schwingung in Farbe und Form umgesetzt wird. Mit reinen Farben, kalt und warm, die »sensation« vor der Natur auf die Leinwand zu übertragen, das »moduler« Cézannes ist wichtig, siehe Göpel 1961, S. 354–355.

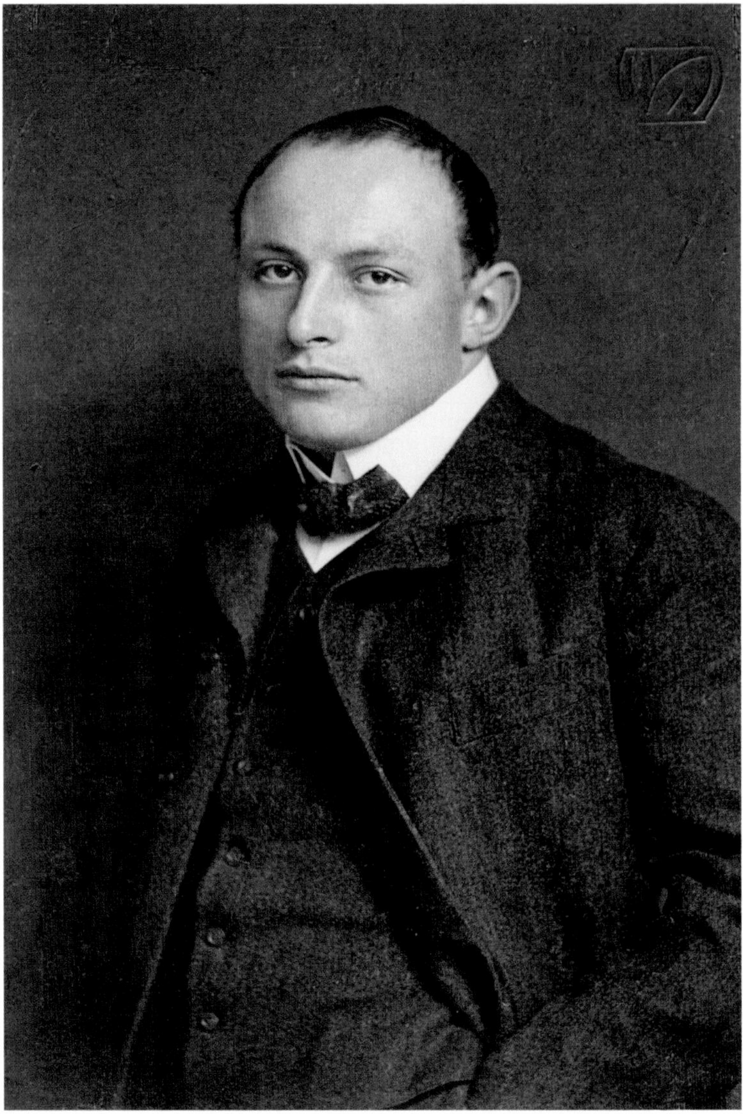

Hans Purrmann, Foto um 1900, Hans Purrmann Archiv, München

Hans Purrmann an Wilhelm Wittmann
Briefe und Postkarten 1901–1909

Nr. 1

Postkarte Bauern-Kirta V[ereinigung] d[er] K[unst] St(udierenden], Entwurf Hans Purrmann[1] Poststempel München; Eingang Kiel Poststempel 17.7.1901

Herrn W. Wittmann

stud. jur.

Kiel

Schauenburgstr. II rechts

Lieber Wittmann,
Brief erhalten, schönen Dank. Kubins[2] Adresse konnte ich noch nicht erfahren. Er soll in Dachau wohnen und verlobt sein. Schönen Gruß
Hans Purrmann

1 Vorderstemann 2008, S. 17–18.

2 Purrmann war mit Alfred Kubin befreundet und hatte auch ein Mappenwerk von ihm erworben.

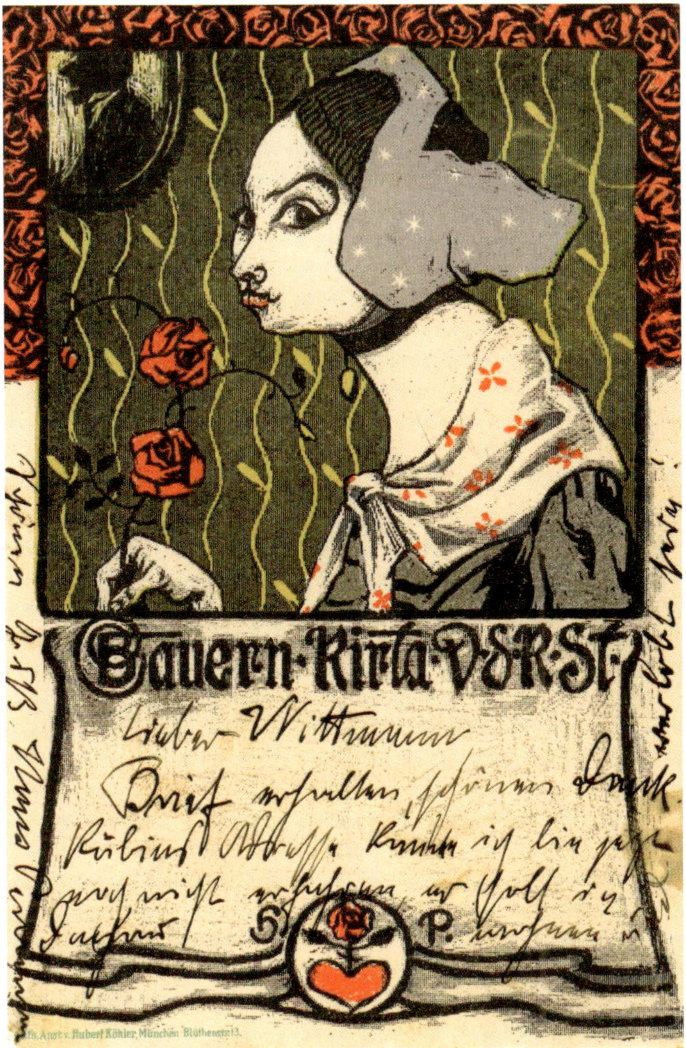

Abb. 1 Einladung zur Bauern-Kirta, 1901, Entwurf Hans Purrmann, Hans Purrmann Archiv, München

Nr. 2

Brief mit Umschlag, Regen 2.2.1903
Abs. Hans Purrmann, Regen

Herrn Wilh. Wittmann
stud. jur.
Würzburg
Sanderclassisstraße[1] *43. IV*

Mein lieber Wittmann,
Du wunderst Dich sicher, einmal von dem Freund in Regen[2] etwas geschrieben zu erhalten, nun ja, es ist jetzt viel zusammen gekommen, wovon ich etwas unbedingt sagen muß.
Ich nehme an, daß es Dir gut geht, daß Dir auch als einmal Zeit bleibt, etwas künstlerisch tätig zu sein.
Kubins Arbeiten sind auch in der Kunst für Alle[3] erschienen. Ich habe mich selbst von seinem Fortschritt bei ihm selbst überzeugen können. Aber, Wittmann, ich glaube man wird enger in seinen Kunstanschauungen, und glaube ich auch dem Kubin nicht das Verständnis u. die Begeisterung entgegenbringen zu können, die er verdient.
Mir kommt es immer vor, als sei ich nahe daran, den richtigen Weg zu finden, der meine Lebensarbeit beginnen soll. Ich bin nach Regen gekommen, um Schnee zu malen. Zuerst war ich allein, dann war Levi[4] und noch ein Maler hier; beide waren nur 14 Tage hier, die erste Zeit habe ich wieder angefangen, dann abgekratzt, und jetzt, nachdem ich nur noch 8 Tage hier sein werde, habe ich eine Arbeit fertig und eine etwas größere, die diese Woche fertig werden soll, zufrieden bin ich keinesfalls, aber doch habe ich Begeisterung und Liebe dabei verbuchen können, das erste ist eine Metzgerei mit einem toten Ochsen und Schlächtergehilfen[5], ganz dunkel; das andere ganz hell, hell in gedämpftem Licht, hell durch den Staub, eine Sägemühle[6]. Ich weiß nicht, ob Du so eine schon gesehen, ganz durchleuchteter großer Raum. Du hättest sicher eine Freude an all den Brechungen, dem gelben warmen Holz.
An Essen[7] halte ich fest; ich werde zu Uhde[8] und noch andern Malern gehen und mir Empfehlungen verschaffen. Ich glaube, am 1. März fahren zu können.

Was denkst Du, man hat mein Stipendium[9] um das Doppelte erhöht! Manchmal bin ich[10] recht niedergeschlagen, weißt Du, ich nehme es ernst mit der Malerei und bin nie zufrieden, wenn auch mein Äußeres auf anderes schließen wird. Daß ich faul bin, darüber mache ich mir selbst Vorwürfe genug; aber bequem bin ich doch nicht, wenn Du wüßtest, bei welcher Kälte ich oft arbeite, unter welch schwierigen Verhältnissen, den ganzen Tag lang die furchtbare Musik die die zwei Gattern der Sägemühle machen. Aber doch, wenn nur die Malereien auch künstlerischen Wert hätten, dann will ich nicht klagen und mich glücklich schätzen. Aber vielleicht ist es noch gar nicht einmal Kunst.

Lieber Wittmann, schreibe mir bald wieder. Bis zum Sonntag bin ich hier; dann kannst zur Akademie schreiben.

Sei herzlich gegrüßt

Dein

Hans Purrmann

Regen 2. Febr. 1903

1 Richtig: Sanderglacisstr.

2 Purrmann verbrachte 1903 einen Malurlaub in Regen im Bayerischen Wald.

3 Die Zeitschrift »Die Kunst für alle« erschien 1885–1944 im Bruckmann-Verlag München. Jg. 17, 1902, S. 240 äußert sich der Kritiker H. R. zwiespältig: »Weniger entschieden kann man sich für die Begabung Alfred Kubin's aussprechen [...] Jedenfalls ist Kubin ein Künstler, an dem man nicht ohne weiteres vorübergehen darf.«

4 Rudolf Levy (1875–1944), Maler, mit Purrmann seit seiner Zeit auf der Kunstgewerbeschule in Karlsruhe (1895–1897) befreundet.

5 Lenz/Billeter 2004: 1902/07. Wenn es sich wirklich um dieses Bild handelt, muss es auf 1903 datiert werden.

6 Verschollenes Bild.

7 Damit dürfte die Firma Krupp gemeint sein, der auch die Johanneshütte in Duisburg gehörte.

8 Fritz von Uhde, deutscher Impressionist.

9 Purrmann bekam für 2002/03 das Heinrich-Hilgard-Stipendium zur Förderung der bildenden Künste in der Pfalz (Jöckle 2001, S. 268).

10 ich] Doppelschreibung.

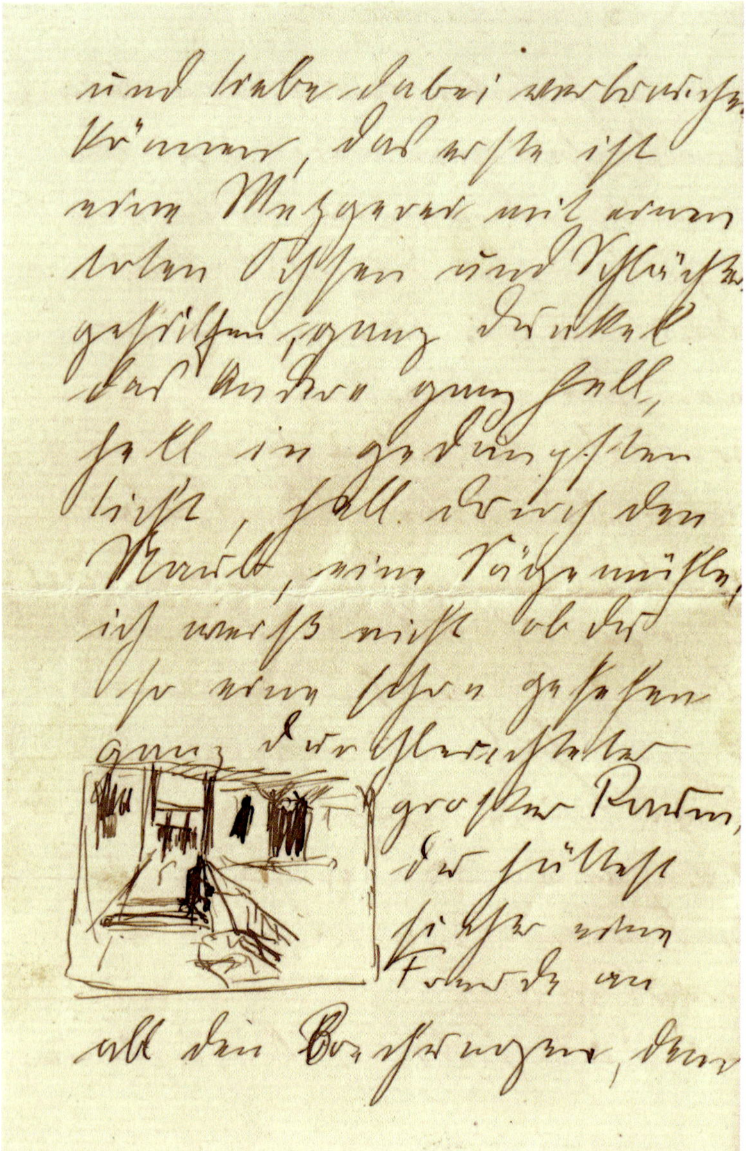

Abb. 2 Brief Nr. 2 mit Skizze

Nr. 3

Kartenbrief 9.2.1902 (Poststempel)

Herrn Wilh. Wittmann
stud. jur., Würzburg
Sanderclacisstraße

München Febr. 1903

Mein lieber Wittmann,
ich schicke am Samstag einige Arbeiten zur Frühjahrssezession und habe auch Dich (als Malerei)[1] angemeldet. Ist es nicht möglich, daß Du mir das Bild schicken lassen kannst? Wenn es nicht gut zu machen ist dann macht es nichts; denn so sehr viel liegt mir nicht daran. Aber es müßte bis längstens am kommenden Samstag bei mir sein. Adresse Kunstakademie München.
Herzliche Grüße
Dein Hans Purrmann

1 Es handelt sich wohl um das Bild »Der Zeitungsleser«, Lenz/Billeter 2004: 1902/05, jetzt als Schenkung der Ike und Berthold Roland-Stiftung im Purrmann-Haus Speyer. Der Dargestellte ist Wilhelm Wittmann.

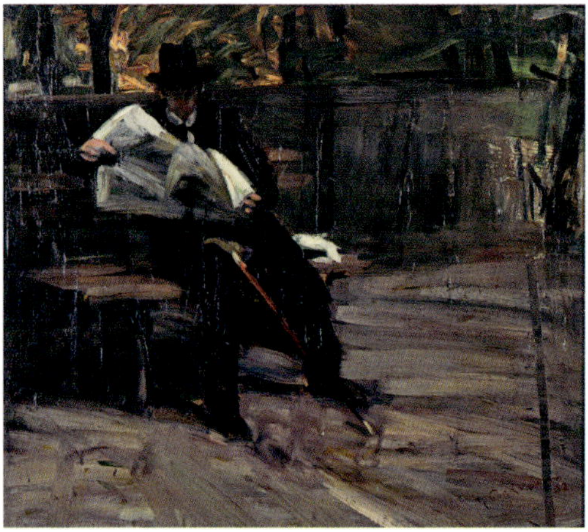

Abb. 3
Hans Purrmann,
Der Zeitungsleser, 1902,
Öl auf Leinwand,
61,5 x 69 cm,
Stadt Speyer

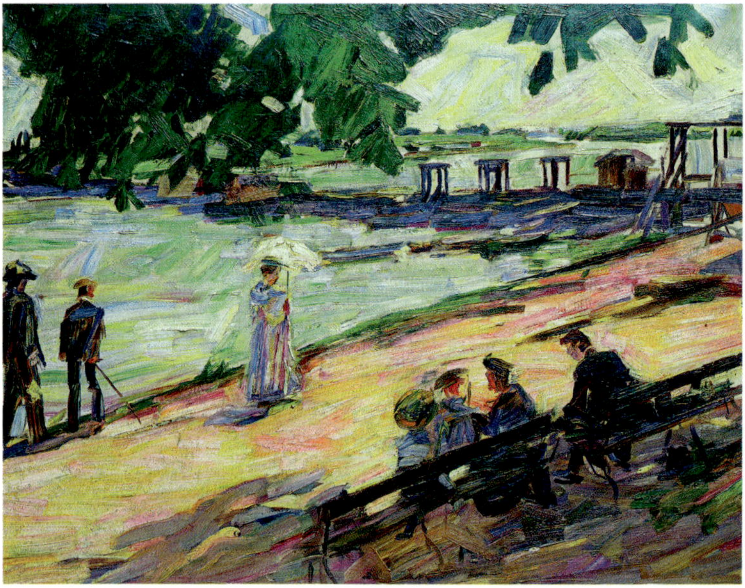

Abb. 4 Hans Purrmann, Rheinbrücke, 1904, Öl auf Leinwand, 66,5 x 85 cm, Privatbesitz

Nr. 4

Kartenbrief ohne Datum

Herrn
W. Wittmann
stud. jur
Würzburg
Sanderglacisstr. 43 IV

Mein lieber Wittmann,
schönen Dank für Brief!
Heute wurde die Sezession eröffnet, meine Arbeiten sind alle angenommen! Auch Du hängst unter dem Namen »Herr Zeitung lesend« an gutem Platz.
Eine Metzgerei[1] aus Regen gefällt am besten. Schiffsbrücke[2] ist auch dabei. Schönen Dank für die schnelle Zusendung. Ich möchte mich gern bei Deinem Frl.[3] bedanken. Kubin wollte ausstellen und hat man nichts angenommen!

1 Lenz/Billeter geben als vermuteten Entstehungsort Speyer an.
2 Die beiden Schiffsbrücken-Bilder Lenz/Billeter 2004: 1904/04 und 1904/05 passen in der Datierung nicht.
3 Wittmanns Freundin und spätere Ehefrau Franziska Puder aus Zweibrücken.

Nr. 5

Brief mit Umschlag, Duisburg 23.4.1903 (Poststempel)

Herrn W. Wittmann
stud. jur.
Speyer [a] */ Rhein*
Sailerbahn 10 [1]

Mein lieber Wittmann,
in Essen bin ich leider nicht angekommen, trotzdem ich viel versucht habe, leider – Nur die Gunst ein Walzwerk anzusehen war möglich. Jetzt bin ich an der Kruppschen Johannishütte; dort wurde mir alles eingeräumt. Du solltest einmal den Riesenapparat sehen, überhaupt Fabrik an Fabrik und ganz beim Rhein, ich will aber in der ersten Zeit nur an der Johannishütte arbeiten, um nicht irr zu werden. Da habe ich genug und glaube auch, daß die Arbeiter, die wunderbare Kerle sind und sich in der Arbeitszeit ablösen, mir Modell stehen können, was in einem Walzwerk kaum möglich wäre.[2]
Ich bin sehr oft niedergeschlagen, bis ich nur einmal malen kann und dann wird ja eine Zeit vergehen, bis ich einmal weiß was eigentlich zu malen ist, bis alle die Maler, die derartiges schon gemacht haben, verdaut sind.
Lieber Wittmann, das wird eine schwere Zeit. Ich mache mir den Anfang gleich schon sehr unbequem.
Ich wollte, Du könntest als mit mir durch die Fabriken laufen mich bestärken in meinen Plänen.
Dieses verfluchte Caféhausgeschwätz ist sich schwer abzugewöhnen.
Ich wünsche manchmal in München zu sein.
Schreibe mir einmal. Meine Adresse ist Cremerstraße 24 part. (Duisburg)
Du hättest nie bessere Gelegenheiten mich zu erfreuen!
Lebe wohl, sei recht herzlich gegrüßt
Dein Hans Purrmann
Grüße Deine Eltern!
ebenso Frl. Puder

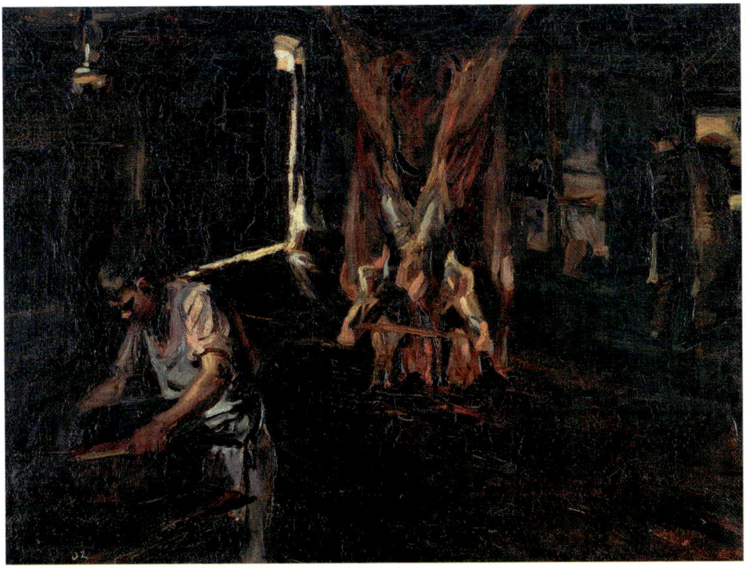

Abb. 5 Hans Purrmann, Im Schlachthaus, 1902, Öl auf Leinwand, 66 x 85 cm, Stadt Speyer

1 Offenbar wohnte Wittmann zu dieser Zeit nicht bei den Eltern, sondern hatte ein Zimmer bei dem Haarhändler Moses Seligmann, Seilerbahn (heute Ludwigstraße) 28.

2 Hier entstanden die beiden Gemälde der Johanneshütte in Duisburg (Lenz/Billeter 2004: 1903/02 und 1903/03) sowie die »Arbeiter in einem Hüttenwerk« (Lenz/Billeter 2004: 1903/01).

Nr. 6

Brief mit Umschlag, Duisburg 3.7.03 (Poststempel)

Herrn Wilhelm Wittmann
stud. jur.
Würzburg
Sanderglacisstraße 43 IV Ruder«[1]

Mein lieber Wittmann,
Dein Brief, der mir an sich schon Freude machte, vergrößert diese auch durch die Mitteilung, daß Deine Arbeit gedruckt werden soll.[2] Außer mir weiß ich leider niemand der es sicher kaufen wird, aber an anderen Orten als Duisburg werde ich schon Leute finden die sich interessieren werden. Propaganda werde ich auf alle Fälle machen. Du wirst doch auch an von Dir geschätzte Schriftsteller Exemplare senden. Zu Allem meine besten Wünsche! Um den Einband würde ich mich an Rochga wenden. Zu viel wird er ja nicht machen, aber die Herren haben den Sinn für Kleinigkeiten und ihre arme Phantasie läßt eine schädliche Überladung nicht aufkommen, aber auch ohne eine solche Zugabe, ein gutes Papier und eine einfache Schrift sind Empfehlung genug, trotzdem ich schon gehört habe, daß viele ein Buch der Ausstattung wegen kaufen und das soll gewiß bei Dir fern liegen.
Wenn Du glücklich ein Herr Doktor geworden, Sakrament, das wollen wir aber in den ersten Tagen des August feiern! An diesen Tagen bin ich in Speyer, Du hoffentlich auch, ich habe Dir viel zu erzählen, lange bleibe ich nicht, dann fahre ich nach Prag, dorthin bin ich eingeladen zu einem reichen Herrn in ein Schloß[3].
So manchen Gewinn habe ich doch von der Industrie-Gegend, viel kann ich ja nicht mitbringen, ich habe mir auch so manches anders vorgestellt, aber wenn man Künstler genug ist kann man viel machen. Von allem erzähle ich Dir viel und schreibe nicht gerne, da es zu lang herginge.

Werden denn die Schulden mit Deinem Buch so groß werden? Suche doch auch nach einem Verlag, ich möchte wirklich wünschen, daß Du Dich gut einführst, und der Arbeit viele folgen.
Sei herzlich gegrüßt
Dein Hans Purrmann
Grüße Dein Fräulein

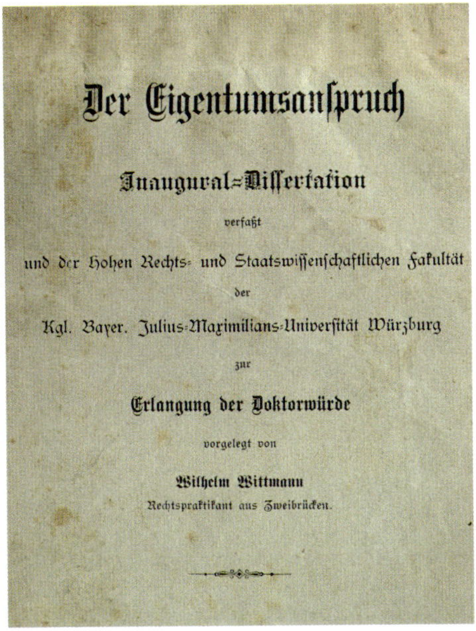

Der Eigentumsanspruch

Inaugural-Dissertation

verfaßt

und der Hohen Rechts- und Staatswissenschaftlichen Fakultät

der

Kgl. Bayer. Julius-Maximilians-Universität Würzburg

zur

Erlangung der Doktorwürde

vorgelegt von

Wilhelm Wittmann

Rechtspraktikant aus Zweibrücken.

Abb. 6 Wilhelm Wittmann, Der Eigentumsanspruch, Dissertation Würzburg, 1903

1 Auf dem Umschlag in Majuskeln Entwürfe in Majuskeln: »Ein Neues — Ein Ne« rückseitig »Ein NE«. Die Schriftzeichungen beziehen sich auf Wittmanns Gedichtband »Ein neues Lied« (1903), für das Purrmann eine Einbandvignette entwarf.

2 Es kann sich dabei um den oben erwähnten Gedichtband handeln, vielleicht aber auch um Wittmanns 1904 erschienene Dissertation.

3 Nach Svinar bei Prag zu Eugen von Kahler (1882–1911), Maler und Studienfreund Purrmanns aus der Schule bei Franz von Stuck, in Paris auch im Kreis der Dômiers. Geboren wurde er als Eugen Kohn, der Vater mit der ganzen Famile wurde 1911 in den Ritterstand erhoben.

Nr. 7

Brief ohne Datum [1903]

Mein lieber Wittmann,
hiermit sende ich den Buchumschlag, trotzdem ich nach allen Richtungen Versuche machte, kam nichts Anständiges dabei heraus, verzeihe, besser konnte ich nichts zu Wege bringen. Wende Dich an Rochga[1]!
Die Kritiken habe ich gelesen, und scheinen dieselben ernst genommen zu sein!
In 8 Tagen komme ich nach Speyer, dort werde ich viel zu erzählen haben.
Herzlichen Gruß
Hans Purrmann.
Die Rückseite Deines Briefes lese ich eben zum ersten Mal. Sehe, daß Du Dich nicht an Rochga wenden willst. Ich habe leider kein Talent für Buchdeckel; am besten nimmst Du eine einfache Schrift!
Hans

1 Rudolf Rochga (1884–1920), ein früherer Stuck-Schüler, war seit 1903 Professor für Dekorationsmalerei an der Stuttgarter Kunstgewerbeschule, ab 1905 dann Professor für Flächenkunst.

Nr. 8

Brief mit Umschlag[1], München (Poststempel), ohne Datum [1903?]

Herrn W. Wittmann
stud. jur.
Würzburg
Sanderglacisstr. 43 IV

Mein lieber Wittmann,
Du solltest, so bald Dich das Zeichnen etwas begeistert, zeichnen. Laß Dir die Zeit nicht reuen und ganz in dieser Art wie Deine letzte Karte. Ich finde schon etwas daran.
Leider kann ich wohl kaum über Würzburg kommen, so sehr ich mir diesen Plan ausgedacht habe, ich muß mir noch etwas Geld pumpen, um den einfachsten Weg nach Speyer machen zu können.
Ich komme nächste Woche und will lange bleiben. Ich freue mich sehr! – Deine Arbeit bringe ich mit nach Speyer!
Also auf frohes Wiedersehen!
Dein Hans Purrmann

1 Rückseitig Notiz Wittmanns mit Blei: »Der Eigentumsanspruch auf Herausgabe/Sachenrecht« (Thema seiner Dissertation).

Nr. 9

Brief mit Umschlag, vermutlich aus Svinar bei Prag
Umschlag mit österreichischen Briefmarken, Eingangsstempel
Speyer 15.[9.]1903

Herrn Wilhelm Wittmann
stud. jur.
Speyer a/ Rhein
Sailerbahn 10

Mein lieber Wittmann,
war höchst erfreut, als ich Deine Arbeit erhalten. Es freut mich auch daß Du meine Zeichnung verwerten konntest.
Ich beglückwünsche Dich herzlich, wünsche Dir Erfolg und viele recht produktive Arbeit, die noch folgen soll. Mir ist Deine Arbeit wertvoll und auch von meiner jetzigen Umgebung wird dieselbe zu meiner Freude gelesen und ernst beurteilt.
Daß uns dieser Sommer nicht zusammenführt bedauere ich sehr, ich würde Dir viel lieber erzählen als schreiben, wie das letzte Jahr in seinem Inhalt lehrreich für mich war, Gegensätze wie diese nicht unvermittelter gedacht werden können, mit Arbeitern konnte ich Umgang haben, ihre intimsten Verhältnisse kennen, (an einen schreib ich noch Briefe), in einer elenden Judengesellschaft[1], Kaufleuten, die nichts im Leben können, als mit kleine Liebesgeschichten sich zu unterhalten und erzählen; mit den Saukerlen habe ich mein Mittagsmahl genommen. Elend trocken vergingen 2 Monate mit ernster Arbeit, bis ein sehr gebildeter Herr der Kruppschen Fabrik, ein Freund Kallmorgens[2] und Kal[c]kreuths[3] sich für meine Kunst begeisterte, große Reklame für mich schlug, mir alles zeigen ließ, die Herren kauften mir Skizzen ab, so daß mir eine Reise nach Holland möglich wurde.
Rembrandt, Mensch da staunt der Laie, Franz Halz, das sympatische schöne[4] Holland Amsterdam – Haarlem und im Haag das Meer.
Heute habe ich mich etwas zur Seite geschlichen, neben im Salon sitzen noble Herrschaften, viele Gäste, Wiener Damen. Ich passe nur so scheinbar hinnein in die Gesellschaft, verflucht, was kommen mir so sozialistische Gedanken. Ein 6 facher Millionär[5] hat mich zu Gast geladen, mir gefiel

es unvergleichlich gut, zu gut. Ich[6] bin in der Nähe Prags[7] und bleibe noch bis zum 15. Oktober.
Ein kleiner Brief brachte ich nun für Dich zu Stande[8], ohne damit etwas gesagt zu haben, ich brauche mich deßhalb wohl nicht zu entschuldigen.
Herzliche Grüße an deine Eltern u. Deine Freundin, ebenso an Dich
Lebe wohl Hans Purrmann.

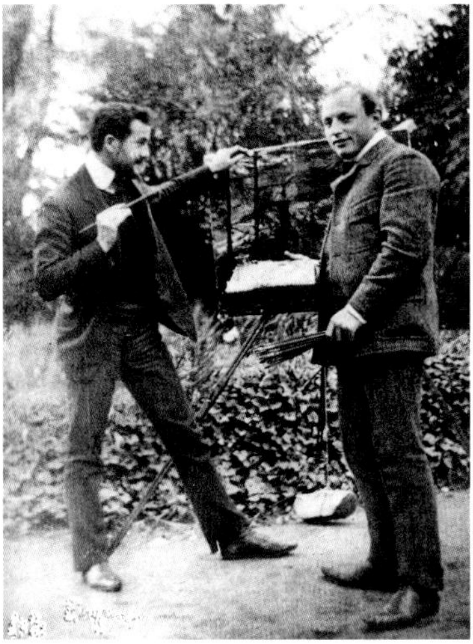

Abb. 7 Hans Purrmann (rechts) und Eugen von Kahler in Svinar, Foto 1903, Hans Purrmann Archiv, München

1 Die heute schwer erträgliche Formulierung war damals durchaus volkstümlich. Daß Purrmann kein Antisemit war, hat er durch seine Fluchthilfe für Th. Th. Heine bewiesen, dem er 1933 mit einer Passfälschung die Ausreise ermöglichte (vgl. Leisen 2010, S. 47f., Anm. 84). Aber auch viele seiner engen Freunde und Kollegen waren Juden, etwa Rudolf Levy.
2 Friedrich Kallmorgen (1856–1924), Maler, seit 1901 Lehrer der Landschaftsklasse an der Berliner Kunstakademie.
3 Leopold Graf von Kalckreuth (1855–1928), Maler und Graphiker.
4 schöne] Purrmann schreibt: schönen.
5 Eugen von Kahler, s.o.
6 Ich] Purrmann schreibt: In.
7 In Svinar bei Eugen von Kahler.
8 Typisch pfälzische Satzkonstruktion.

Nr. 10

Brief ohne Datum [1904?]

Mein lieber Wittmann,
Gott sei Dank ist nach Deinem ersten saugroben Schreiben bald eine freundliche Karte gefolgt es wäre mir gar nicht so recht gewesen, wenn Du einen Pick auf mich bekommen hättest; denn ich freue mich herzlich auf Deine Gesellschaft, wenn ich nach Fasching nach Speyer komme.
Deinem Frl. hatte ich von der falsche Adresse geschrieben, diese um Entschuldigung gebeten und mich herzlich bedankt.
Hefte mit modernen Bildern bringe ich in großer Zahl mit, wunderschöne Sachen, und freue mich auf Deine Zeichnungen, vorher senden hätte wenig Sinn es ist überhaupt eine Mappe mit Bildern bei meiner Mutter geblieben, die Du Dir hättest schon lange geben lassen können.
Hoffentlich erkennen wir an uns beiden einen großen Fortschritt.
Ein Jahr ist so lang ich selbst fühle mich freier.
Mit herzlichen Grüßen
auch an Deine Familie
Dein Purrmann

Nr. 11

Bildpostkarte[1], München 7.3.1904 (Poststempel)

Herrn W. Wittmann
Rechtspraktikant
Speyer [a]/ Rhein
Sailerbahn 10

Am Donnerstag bin ich wieder in Speyer. Auf frohes Wiedersehen.
Purrmann

1 Motiv: Antoine Watteau, Gilles (Paris, Louvre).

Nr. 12

Brief mit Umschlag, Berlin W. 19.11.1904 (Poststempel Eingang Zweibrücken 12.11.1904)

Herrn Dr. W. Wittmann
Rechtspraktikant
Zweibrücken
Rheinpfalz

Mein lieber Wittmann,
Deufel, ist Berlin eine feine Stadt. Vor 5 Tagen kam ich an: Vorher war ich noch einmal in Dresden. Die Beine habe ich mir schon nach einem Atelier abgelaufen, das furchtbar schwer zu finden ist und weil beinahe alle im W sind und nur mit Jahresvertrag zu miethen sind. Hoffentlich finde ich doch noch irgendeinen Raum, in dem ich malen und schlafen kann; denn hier ist es wunderbar.
Ich habe eine ganze Masse guter Empfehlungen an reiche Leute; werde noch einmal auszustellen versuchen.
Eine große Monet Ausstellung sah ich bei Cassirer. Da staunt der Laie! 9 Bilder von ein und derselben Brücke im Nebel (London) und außerdem Bilder von einer Kirche. In der Nationalgalerie kann man auch viel sehen. Ich habe ziemlich große Augen gemacht. Das neue Kaiser Friedrich Museum[1] ist schöner als Christus sich den Himmel ausgedacht. Rembrandt, Goya sah ich jetzt schon 8 Stück Rubens, Velasquez.
Die Stadt selber ist sehr schön. Gott was machen die schlechten Häuser und Denkmäler, es bleibt doch genug, Theater sind viel besser als in München. Du kennst ja alles schon besser als ich, wir werden viel zu reden haben, Berlin bleibt unsere Zukunft.
Es grüßt Dich und Dein Fräulein
Purrmann
Berlin W., Neue Winterfeldstr. 27, bei Finetti

1 Das Kaiser Friedrich Museum eröffnete 1904 auf der »Museumsinsel« und war sicherlich für Purrmann auch einer der Gründe, nach Berlin zu gehen. Heute heißt es Bode-Museum.

Nr. 13

**Brief mit Umschlag, Charlottenburg 4.12.1904 (Poststempel)
Eingang Zweibrücken 5.12.1904 (Poststempel)
Beiliegend getrocknetes Efeublatt mit Goldaufdruck
»Alt Heidelberg Du Feine«.**

Dr. W. Wittmann
Bei Herrn Bildhauer Blum
Zweibrücken
Pfalz

Mein lieber Wittmann,
schönen Dank für Dein Schreiben, wollte Dir schon oft antworten, aber das Berlin läßt einem keine Ruhe dazu, ich will jetzt keinen Brief schreiben nur mitteilen, daß ich Deinen Namen reden hörte, daß Du ein außerordentlich begabter Mensch seiest, ich habe mich gefreut, etwas über Dich reden zu hören und zu können. Ich war bei dem Präsident des Vereins zur Förderung der Kunst eingeladen, dem Herrn Wolfrat[1]; es waren ein paar Herren des Vereins dabei. Dein Buch wurde auch gezeigt zu meinem Schrecken wegen der verfluchten Zeichnung.[2]
Du siehst, ich komme in Gesellschaft, leider aber gefällt mir diese ich meine die Förderer gar nicht, die ganze Richtung paßt mir nicht. Man will mich auch fördern. Ich scheiße aber darauf!
Sonst verkehre ich auch noch bei reichen Leuten, Juden und Christen, die Lackstiefel sind in Mode. Lieber bin ich aber in Kunstausstellungen, habe alles schon abgesucht. Kreuz Teufel unglaublich fein, es langt für einen Sommer davon zu schwärmen und zu erzählen. Weißgerber[3] sagte ich von den Gedichten er ist wieder in München und wird fragen. Bei Professor Schiemann[4] bin ich Weihnachten zur Hochzeit eingeladen. Der Rintelen[5] heiratet die Tochter. Ein Buch Giotto erscheint von ihm in wenigen Wochen bei Muther[6].
Grüße Dein Fräulein. Sie soll aber nicht über mich lachen, du erzählst ihr scheinbar etwas, was Du nicht sollst.
Grüße herzlich
Purrmann
Am Rand: Cuxhafenerstr. 6, Rückgeb. Atelier

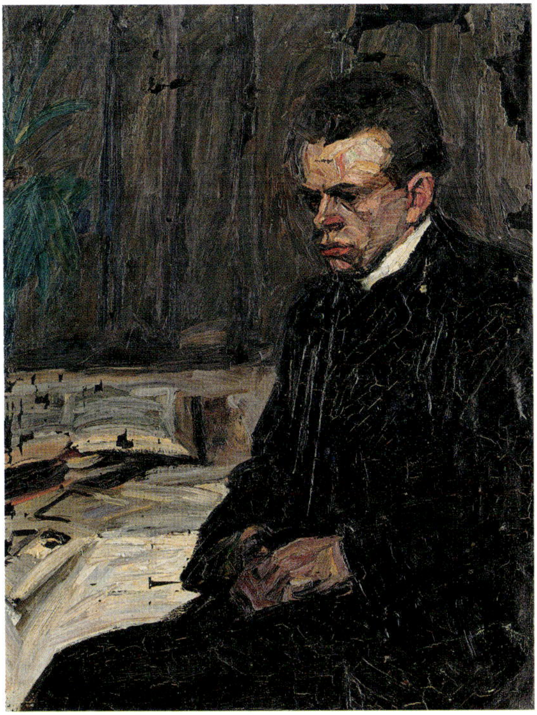

Abb. 8 Hans Purrmann, Bildnis Friedrich Rintelen, 1904, Öl auf Leinwand, 87,5 x 66 cm, Kunstmuseum Basel

1 Möglicherweise Aaron Heinrich Wolfradt, dessen Sohn Willi (1892–1988) Kunstkritiker wurde.

2 Umschlagzeichnung Purrmanns für Wittmanns Gedichtband »Ein neues Lied« (1903).

3 Offenbar war Weisgerber in die Bemühungen, Texte von Wittmann in einem Verlag unterzubringen, involviert.

4 Theodor Schiemann (1847–1921), Historiker, Archivar, Professor für osteuropäische Geschichte in Berlin.

5 Friedrich Rintelen (1881–1926), Kunsthistoriker, später Professor in Basel. Er war mit Purrmann befreundet. Purrmann hat ihn um diese Zeit porträtiert (Lenz/Billeter 2004: 1904/16).

6 Das Buch »Giotto und die Giotto-Apokryphen« sollte erst 1912 bei G. Müller in München erscheinen.

Nr. 14

Brief mit Umschlag, 14.12.1904 (Poststempel) Berlin N.W, Cuxhavenerstr. 6, Rückgeb. Atelier

Herrn Dr. Wilhelm Wittmann
Zweibrücken / Pfalz
bei Herrn Bildhauer Blum[1]

Mein lieber Wittmann,
ich schreibe immer meine Briefe, wo [es] mir gerade einfällt, zum Beispiel jetzt im Cafehaus, es kann dann leicht sein, daß ich viel vergessen habe, ich weiß auch gar nicht, was ich Dir zuletzt geschrieben.
Ich wohne in einem Atelier ziemlich gut, für ein Berlin ein Sau-Glück so etwas zu finden, am Tiergarten, die Bahn macht einen Mordslärm. Bin schon fest in der Arbeit, ich denke jede Minute, und gleich wo ich bin daran, aber davon zu schreiben gefällt mir gar nicht. Nur mit dem Köpfemalen geht es nicht besser; jeder Kopf ist eine neue Aufgabe, aber mit so einem verfluchten Ernst war ich noch nie dabei. Ich zeichne bei Corinth zwei Stunden Abendakt, jeden Tag, – es ist eine Einführung, ich hätte nie gedacht, so ein Interesse an der organischen Form zu bekommen.
Es sind meist dunkle Tage, ich arbeite von 10 bis 1 Uhr im Atelier dann schnell zu einem Mittagessen (Terminus), ganz nahe dem Kaiser Friedrich-Museum, das ich beinahe regelmäßig bis 3 Uhr besuche. Rubens, Velasques und Rembrandt, was anderes habe ich noch nicht gesehen. Ich glaube auch kaum, daß ich für die deutschen und italienischen alten Meister Zeit bekomme, es geht mir wie vielen Leuten, die sagen, heute brauche keiner mehr Kant zu lesen, er sei in jeden übergegangen oder Heine mit Hans Sachs, ich finde nicht alle erforderlich.
Bitte schreibe mir einmal, wie der Eindruck der Arbeiten ist, die alle bei mir im Atelier stehen, aber in einem Zimmer mit dunklen Wänden besehen werden müssen. Sind die Arbeiten eingeschlagen? Schreibe mir, wenn auch der Eindruck schlecht ist!
Dann könntest Du mir auch gelegentlich das genaue Maaß der Arbeit einsenden! Ich will den Versuch bei der Frühjahrsausstellung machen, also gar so lange kannst Du die Arbeit gar nicht haben. Schreibe mir! Wegen dem schönen Menschen kann ich Dir mitteilen, daß ich damals

nur an dem alten Teil der griechischen Kunst Freude fand, aber einen Teil nach dem andern verkaufte ich und habe es nie bereut. Soll ich Dir denn nichts in Berlin besorgen? Muss es unbedingt griechische Kunst sein? Für dieses Geld und mit etwas Schlauheit komme ich zu den feinsten Japanischen Holzschnitten, feine Neudrucke so gut für 7 Mark. Oder ein ganz prachtvolles Werk in 3 großen Bänden ist von Mayer-Gräfe erschienen (Beiträge zur modernen Kunstgeschichte) 30 Mark, Bände, ein fein gebundener ganzer Band Illustrationen, oder kaufe eine Auswahl der kleinen Muther »Kunst«,[2] ganz in Leder gebunden, ein Band 2,50, darunter findest Du Praxiteles, Millet,[3] W[h]istler, Venetig, Goya, Phidias, Rodin, Velasquez u. Andere. Dann sind über Velasquez, Dürer, Rembrandt und andere chronologisch geordnete und gut gebundene Bücher, mit allen bekannten Bildern herausgekommen. 8 – 12 Mark. Von der Insel eine wunderbare Ausgabe von Schiller, Schoppenhauer und (leider hast Du schon eine Andere) von Goethe, der Band 4, 50, dünnes Papier, guter Druck, Leder, von besten Künstlern besorgt. Denke Dir etwas aus, und gebe mir, wenn [Du] es Dir wünschst, zu kaufen Auftrag.
Ich bin furchtbar neugierig zu hören, was die Bilder zu Dir sprechen, schreibe mir den ersten Eindruck, auch wenn er schlecht ist. Kerl Du kannst froh sein, die Verteidigungen sind lehrreich Schule für Menschenkenntnis gratuliere –.
Cellini besitze und kenne ich die Päpste gingen doch besser mit ihm um als ein Amtsgericht.
Sei herzlich gegrüßt.
Willst Du nicht auch die Bücher zu Dir nehmen?
Purrmann

Bin nahezu jeden Abend in einem Theater wundervolles Spiel! Kenne ein paar Schauspieler, bin immer auf guten Plätzen, umsonst, das machen die Dir so lästigen reichen Leute. Außerdem bekam ich nie so feine Bilder zu sehen als in Privathäuser[n] lerne Cassirer kennen und wurde mit Zille bekannt, einem Zeichner. Ich weiß nicht, ob Du ihn kennst (sehr gut). Stern[4] bekam eine Anstellung bei den Lustigen Blättern[5], falle nicht auf den Arsch! Finetti[6] lebt nobel, ist aber ein Scheißer, mit dem ich gar nicht mehr aus- und zusammenkomme. Weißgerber[7] ist wieder in München. Gott sei Dank.

Kannst Du nicht für Ostern nach Berlin schauen?

Kreuz, Teufel, hier ist was zu sehen! Bin sauwohl hier. Hast Du schon Löffelerbsen mit Speck gegessen?

Schiestl[8] war wegen einer deutschen Ausstellung in Berlin, der Saubruder mit seinem kleinen Hirn. Hatte hier seine blöden Bilder dabei, er wird mit sehr eingezogenem Schwanz weggelaufen sein. Die Krittiken hättest Du lesen sollen, recht so.

1 Ludwig (Louis) Philipp Blum (1829–1908) Großvater Wittmanns, Holzbildhauer in Zweibrücken.

2 Richard Muther, Die Kunst, Sammlung illustrierter Monographien, Berlin 1902ff.

3 Jean François Millet (1814–1875), französischer Maler der Schule von Barbizon.

4 Max Stern (1872–1943), Maler, Zeichner und Grafiker.

5 Lustige Blätter. Schönstes buntes Witzblatt Deutschlands, 1888–1944 im »Verlag der Lustigen Blätter«, Berlin. Auch Heinrich Zille zeichnete für diese Zeitung.

6 Gino von Finetti (1877–1955), Maler, Zeichner und Illustrator. Ab 1904 in Berlin, stellte in den Sezessionen 1906, 1907 und 1912 aus. Mitarbeiter u.a. des »Simplizissimus« und der »Lustigen Blätter«.

7 Albert Weisgerber (1878–1915) war ein enger Freund Purrmanns und hat auch bei Stuck studiert. Purrmann schreibt immer »Weißgerber«.

8 Rudolf Schiestl (1878–1931) war wie Weisgerber Kollege Purrmanns in der Münchener Stuck-Schule. Wittmann hat ihm die Erzählung »Altfränkische Bilder« gewidmet.

Nr. 15

Brief ohne Datum [Dezember 1904]

Mein lieber Wittmann,
ich habe einen schönen Holzschnitt gekauft, eine Landschaft von Strö[h]er[1] und diese zum Rahmenmacher gegeben. Ich weiß nicht, ob es Dir recht ist daß ich eine Landschaft kaufte. Es ist ein Original, kostet 10 Mark und wird weiß gerahmt. So schnell es möglich [ist] erfolgt die Sendung.
Also gute Weihnachten! Du kannst mit nehmen von Büchern oder Bildern, was Du willst; sei nur etwas vorsichtig.
Von der Sammlung der Zweibrücker Schriften stand in den Münchener Neuesten Nachrichten! Mordsrespekt!
Die Geschäftsleute sind hier nicht allzu liebenswürdig, ob ich den Termin richtig einhalten kann ist nicht zu versprechen.
Grüße Deine Familie. Ich lasse gute Feiertage wünschen, und bitte Dich, gehe bald zu meiner Mutter.
Ich komme eben aus dem Kaiser Friedrich Museum, hätte beinahe große Lust, ein Stück aus einem Rubensbild zu copieren; ich habe nur Angst, es könnte zu viel Zeit kosten. Rubens kam ich nie näher als jetzt. Es ist nicht zu sagen, was der Kerl kann und wie wenig das heute geschätzt wird. Rubens läßt mich nicht mehr schlafen –, verstehst Du, das von einem Menschen der Manet[s] und Monets Jünger ist?
Ich Unglücklicher was ist mit mir geschehen ich werde von nichts warm; und selbst Rembrandt, den ich als Mensch so liebe und unendlich verehre, die Straße des Lichtes mir so unendlich Freude machte, er bleibt mir fest verschlossen, ich verstehe nicht und komme nicht über die braunen und harten Tiefen. Jetzt kann ich verstehen, warum ein Rubens als er nach Amsterdam kam, Rembrandt nicht aufsuchte, überhaupt ist von Rembrandt bei ihm nie die Rede, nur der große Velasquez war sein Freund. Kreuz, Teufel, die Auswahl wird immer kleiner, Böcklin und Klinger[2] Scheißdreck, Menzel kein Maler. Es bleiben nur Manet und Monet, van Gogh, Sisley und Pissaro. Hat denn überhaupt sonst noch etwas Stand.

Ich bin ärgerlich, nimm Dich in Acht, wenn Du über meine Bilder schreibst, ich Arschloch könnte über Dich lachen, daß Du zu bescheiden in solchen Sachen wärest.
Gute Weihnachten.
Dein Purrmann

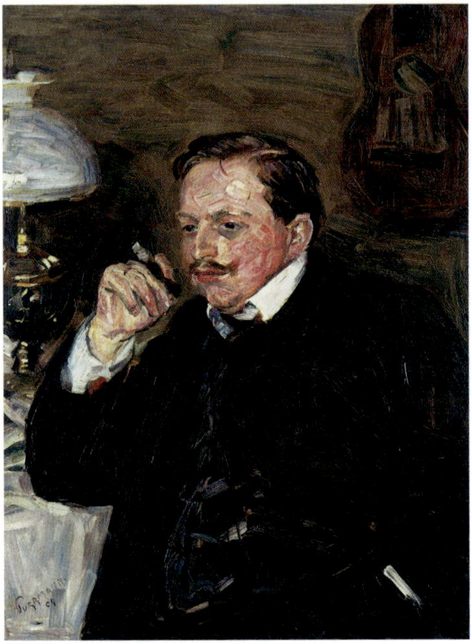

Abb. 9 Hans Purrmann, Bildnis Bruder Heinrich, 1905, Öl auf Leinwand, 82 x 62 cm, Purrmann-Haus Speyer (Leihgabe des Landesmuseums Mainz)

1 Friedrich Karl Ströher (1976–1926), Maler. 1901 reiste er zum ersten Mal nach Berlin, wo es ihm durch Vermittlung von Walter Leistikow gelang, ein erstes Gemälde von der Berliner Secession ausstellen zu lassen. In der »Kunst für Alle« Jg. 16 (1901), S. 472 wurden seine Landschaften als »pikant« gelobt. Purrmann erwarb wohl deshalb für Wittmann einen Holzschnitt einer Landschaftsdarstellung von ihm. 1905 wurde Ströher als Meisterschüler an der Berliner Akademie der Künste angenommen.

2 Immerhin war der Maler und Bildhauer Max Klinger (1857–1920) der Begründer der Villa Romana, die Purrmann von 1935 bis 1943 leitete.

Nr. 16

Brief mit Umschlag, Berlin 2.1.1905, Eingang Speyer 3.1.1905, nachgesandt, Eingang Zweibrücken 4.1.1905 (Poststempel) Purrmann Berlin W., Cuxhavenerstr. 6

Herrn
Dr. W. Wittmann
Speyer/Rhein
Sailerbahn 10

Mein lieber Wittmann,
Kerl was machst Du Geschichten, Weihnachtsgeschenke, wie kommst Du dazu, das verdiene ich gewiß an Dir! Ich kann Dir nichts schenken. Wenn Du Dich darüber ärgerst, was liegt mir dran.
Das Buch zu lesen habe ich schneller Zeit gefunden als über die Freude am Geschenk einen Brief zu schreiben, wundervoll, großartig; der Genuß beim Lesen kann mit Worten nicht überschätzt werden. Du gabst gewiß ungern das Buch aus den Händen. Ich muß Dich bewundern, wenn ich schon beim Kaufen ans Schenken denke, vergeht mir schier alle Lust dazu.
Schönen und herzlichen Dank!
Ist der Holzschnitt[1] gut angekommen? Wie gefällt dieser?
Mein Bruder[2] kam heute in Berlin an, sagte ich hätte bald eine Verlobungskarte zu erwarten, zeige doch erst die Ehe an. Geht heim, alter Spießer!
Diese Woche war ich bei Rintelens Hochzeit. Du hast vielleicht schon bei meiner Mutter gehört, der ich ein paar Sprüche vorgeklopft. Es war ganz nett, ich hatte eine Sauerkältung und Schüttelfröste, Rintelen ist erst 23 Jahre; sein Vater verkrachte sich mit ihm, er heiratete die Tochter von Prof Schiemann, feines Weib! Eine kleine Geschichte, die Dir sicher auch Spaß macht, Rintelen bekam von seinem Bruder 100 Mark um sich etwas für die Ehe zu kaufen. Er kam zu mir damit wollte eine Zeichnung oder Studie! Er muß arm leben, das macht die Sache wertvoller.
Hast Du meine Scheißbilder, die stinkende Allee, abgeholt, wie sieht die Geschichte aus, dunkel natürlich. Es muß doch so sein, oder?
Soll ich Dir einmal einen Pack Aktstudien senden oder ein Buch, das ich mir neulich kaufte »Stevenson: Velasquez«[3], gut geschrieben, der Schreiber ist ein guter englischer Maler. Ich hätte schon die Photographien verlangt

aber ich denke immer an so ein Saunest im Vergleich zu Berlin, in dem ich mit anderen Sachen Ersatz finde, hoffentlich erfreuen die Bilder Dich dann lasse ich diese ganz gerne bis ich nach Speyer komme. Sende mir einmal etwas von deinen Arbeiten oder wenigstens Stücke.

Herzlich grüßt Dich Dein

Purrmann

Ein frohes, glückliches Neujahr, darinnen viel Kunstgenuß und erfreuende Arbeit!

Deiner Braut sei viel Gutes gewünscht, ebenso Deiner Familie.

Beiden Grüße nicht zu vergessen!

Was macht Speyer? Die alte Blumen[4] schreibt an ihren verehrten Herrn Purrmann viel Glückwünsche und gute Freundschaft.

1 Die Landschaft von Ströher, s. Brief Nr. 15.

2 Heinrich Purrmann (1901–1943) war der jüngere Bruder des Malers und führte nach dem Tod des Vaters das elterliche Geschäft in Speyer weiter.

3 Robert Allan Mowbray Stevenson, Velasquez, München 1904.

4 Großmutter Wittmanns in Zweibrücken.

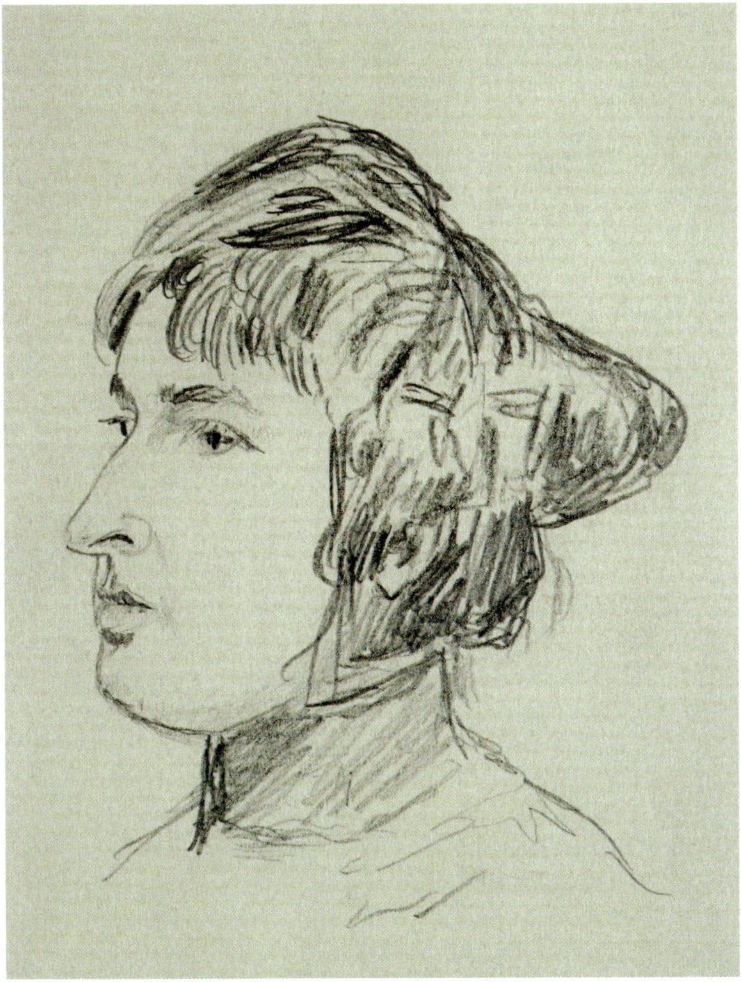

Abb. 10 Wilhelm Wittmann, Bildnis Franziska Puder, Bleistift auf Papier, 16 x 13 cm, LBZ/Pfälzische Landesbibliothek, Speyer, N 76

Nr. 17

Brief ohne Datum [Berlin Anfang 1905]

Mein lieber Wittmann,
soeben Deinen Brief bekommen und gelesen, will gleich ein paar Fragen beantworten oder besprechen, wo mir vorkommt, daß ich etwas zu sagen hätte.
Es tut mir leid, daß Du so dumm warst, einfach die Allee meinen Bruder besorgen zu lassen und Du diese nicht selbst, wie so oft, zusammengeklappt und statt in die Rheinallee einfach nach Zweibrücken getragen hast. Dunner Keil! Was ich zur Sache machen kann, werde ich versuchen. In einer Stunde kommt mein Bruder.
Es ist mir ganz wichtig, was Du sagst, und hier gestehe ich Dir zu. Es beschäftigt mich auf einmal die Zeichnung ganz von selbst, ich laufe in die Kupferstichsammlung, sehe Rubens Zeichnungen an, staune vor der Zeichnung eines Manet, und finde auf einmal, daß eigentlich das meiste die Zeichnung vermag. Eine Zeichnung von Rubens Rembrandt, Manet oder Velasquez Denis[1] kann man auch dazu setzen, ist beinahe der größte Teil am Maler, und diese sprechen viel mehr als eine Photographie von Bilder der selben, vereinfacht, organisch, oft liegt mehr Sinnlichkeit in der Zeichnung als in der Farbe, der ich nur allein das Vermögen zuschrieb. Natürlich die bekannten größten Zeichner Klinger und Greiner[2] sind in Sachsen geboren, ihre Zeichnungen schmecken wie schlechter Caffee nach dem man wahnsinnig die Scheiße bekommt. Ich zeichne schlecht, habe jeher schlecht gezeichnet es hat mir schon viel unmöglich gemacht, Stuck konnte ich nicht verstehen, bei mir muß alles von selbst kommen, jetzt lerne ich erst zeichnen, fühle dabei wollüstig.
Stell Dir vor ich male und werde noch einfacher, viel einfacher, viel schöner, lieblicher und herber in der Farbe das ohne Zeichnung oder einer solchen, die nicht organisch, die nicht sprechen kann, was Haut ist, darunter Fleisch, das nicht in den wunderbarsten Lagen bemerkt wurde, verschoben, gedrückt oder gezogen. Ein Bild darf ja nicht alles geben es würde langweilig, alles darf nur eindringlich und knapp gesprochen sein. Ich sende Abendakte, die ich hasse, schlecht gemachte Sachen; es interessiert

einen ja nicht alles, nur daß Du mir glaubst, daß Du sehen kannst, wie wichtig Deine Worte sein können.
Von den Bäumen hatte ich nichts ni[e] erwartet von meinem Bild war mir wie wenn ich glaubte ich sei krank und die Bestätigung des Arztes fürchtete. Über die Allee[3] hast Du nicht gesprochen! Warum?
Mein Bruder ist mir langweilig, ich lasse ihn fast immer allein gehen, ich kann nichts zahlen und er zahlt mir nichts.
An jedem Abendakt ist 1/2 Stunde gezeichnet oft bewegtes Modell alle sind chronologisch geordnet.
Ich freue mich auf Deine Arbeit. Bis zum 1. Mai bin ich in Speyer. Hier sieht man wunderbare Bilder, ich sehe mir immer noch viel an; aus allen Museen weiß ich Dir dann zu erzählen. Ich wollte ein kleines Stück aus einem Rubens copieren, ich kann aber fast nicht dazu kommen.
Wer war Dein Onkel, der Wagner kannte? Wie lange warst Du in Speyer.
Lese das Buch von Seidlitz »Der japanische Farbenholzschnitt«[4] ein gutes Buch, das schon 10 Jahre im Buchhandel ist.
Grüße Dein Fräulein!
Am 1. März ist Frühjahrsausstellung und am 15. Februar Einsendung.
Herzlich grüßt Dich Purrmann
Dank für die …[5]
Am Rand mit Blei: 78 / 6 / 95 breit

1 Maurice Denis (1870–1943), französischer Maler, Buchillustrator und Lithograph, der auch in der XI. Ausstellung der Berliner Sezession gezeigt wurde und in der Kritik großen Anklang fand.
2 Ernst Otto Greiner (1869–1916), Graphiker und Maler.
3 Das Bild »Die Rheinallee«, s.o.
4 Das Buch von Woldemar von Seydlitz war 1897 erschienen.
5 Wort nicht lesbar.

Nr. 18

Brief mit Umschlag, ohne Datum, Berlin 25.1.1905 (Poststempel)

Dr. W. Wittmann
Zweibrücken
Pfalz
Uhlandstr. 13

Mein lieber Wittmann,
ich freue mich sehr auf Deine angekündigte Sendung.
Meine Mutter schrieb mir nachdem ich die Sache mit hohem Druck betrieben daß die Kiste mit der Allee[1] an Dich abgegangen ist. Ich selbst war schon ganz außer mir, daß man nicht macht, was ich sage. Wie ist der Eindruck? Glaubst Du, daß ich versuchen soll, die Arbeit in die Frühjahrssezession zu senden?
Und vielleicht auch den Versuch mit den Bäumen mache? Von denen ich aber noch mehr sicher bin, hinauszufliegen.
Meine Arbeiten von Prag habe ich an meinen Freund Heinz Braune[2] Barerstraße 90/III München senden lassen, und da ich selbst kein Urteil über die Arbeiten habe, ihm überlassen, was er an die Ausstellung senden will.
Lieber Wittmann, in diesem Falle müßten aber bis längstens 6. oder 7. Februar die Arbeiten, die Du hast, auch dort sein, er würde das Rahmen der Bilder besorgen und das Anmelden.
Ich bin sicher mit ein paar davon hinauszufliegen.
Herzlich grüßt Dich und Frl. Puder
Dein Hans Purrmann

1 »Rheinallee in Speyer«, Lenz/Billeter 2004: 1904/01.

2 Heinz Braune (1880–1957), Kunsthistoriker. Schüler von Karl Voll, der auch Purrmann förderte (Vgl. Göpel 1961, S. 39). Mit Purrmann seit dessen Münchner Studienjahren befreundet.

Nr. 19

Bildpostkarte, Paris 20.2.1906 (Poststempel)

Monsieur Dr. W. Wittmann
Speyer [a]*/ Rhein*
Landauer Str. 24

Es könnte mir kaum besser gehen, als wenn Du Montag ankommen würdest.
Herzlichen Gruß
Purrmann

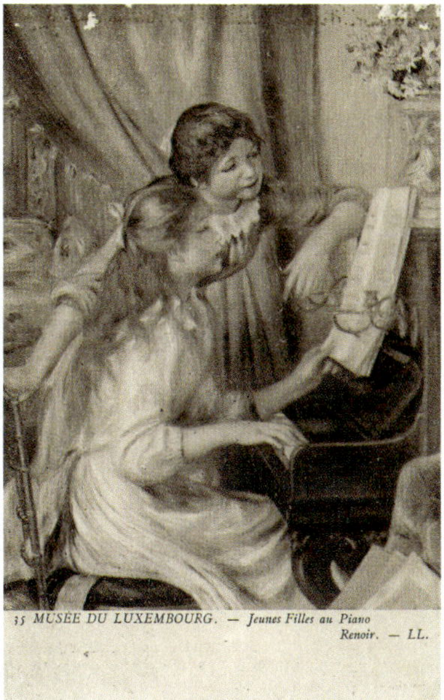

Abb. 11 Vorderseite der Postkarte mit Motiv von Auguste Renoir, Jeunes Filles aux Piano (Musée du Luxembourg)

Nr. 20

Brief mit Umschlag, Speyer 15. Juli 1906 (Poststempel)
Hans Purrmann, Speyer

Herrn
Dr. W. Wittmann
Zweibrücken
Schillerstraße 12

Lieber Wittmann,
kannst Du nicht einmal hierher kommen? Aber bald, denn in 3 Wochen gehe ich wieder weg. Ich habe viel zu erzählen und einige Sachen mitgebracht. Ich bin über Straßburg gefahren, weil es mir zu dumm gewesen wäre, in Metz Homburg Zweibrücken St. Ingbert und Neustadt wo ich überall Besuche hätte machen sollen, Zeit zu verlieren.
Uhde und Howard[1] sind in Speyer! Ich bin sehr schlecht aufgelegt und hundemäßig faul es interessiert mich nichts zu malen und die ewig graue Stimmung ohne Sonne ist mir langweilig. Keinen Tag mit Sonne!
In Paris an der Pont-Neuf[2] habe ich mich sehr geplagt, ein Bild ist gut geworden und eine Skizze, die ich für Dich bestimmt hatte, sonst wenig, ich habe alles in Paris gelassen.
Hoffentlich wird was, mit Deinem Roman. Bleibe nur bei sehr guten Verlegern. Bruno Cassirer kenne ich jetzt auch; und könnte vielleicht durch Walser, mit dem ich zuletzt viel zusammen war für Dich was tun.
Leider habe ich noch nichts verkauft. mir wurde aber gesagt, daß Cassirer Angebote hätte. Was ich an Kritiken gelesen, ist nicht so gar ernst zu nehmen. Die Zukunft[3] hast Du sicher gelesen. Rosenhagen[4] schreibt im Tag[5] »Das Temperament hat ein Neuer, H. Purrmann, und zweifellos Talent. Aber sein weiblicher Akt[6] ist doch zu studienhaft farbig übertrieben, um gut zu wirken.« Derselbe in der Kunst für Alle[7]: »Es hätte vielleicht auch nicht geschadet, wenn H. P. vom Ausstellen solange zurückgehalten worden wäre, bis seine augenscheinliche Begabung für farbiges Sehen sich ein wenig ausgeglichener zeigen würde. Jedoch sein sitzender weiblicher Akt verrät trotz der stark gelben Farbe viel Talent. Auch die ›Allee‹ ist nicht übel, aber eine zwischen Manet und van Gogh entstandene ›Straße mit Fahnen‹[8]

sollte man da nicht ausstellen, wo die Originale zu diesem kraftlos wirkenden Bild bekannt sind.«
Richard Muther[9] schreibt, H. P. ein Neuer, der waghalsig an dem Punkt anfängt, wo große Meister zu enden pflegen.
In einem Führer durch die Sezession schreibt Stahl[10] von einem weiblichen Akt, der nichts in einer Ausstellung zu tun hätte.
In einer der besten französischen Kunstzeitung[en] soll eine gute Besprechung sein. Überall merke ich Gott sei Dank, daß die Sachen nie einem Scheißkerl gefallen und daß ernste Leute sich damit auseinandersetzen.
Schreibe, wann Du hierher kommen kannst! Ich selbst kann wohl kaum kommen. Grüße Deine Braut, ihre Familie und Deinen Großvater.
Herzlichst grüßt Hans Purrmann

1 Will Howard, eigentlich Rudolf Hermann (1879–1945), Maler und Bildhauer, seit 1901 in München, 1905 nach Paris, dort Mitglied des Dôme-Kreises (Gautherie-Kampka 1996, S. 52)
2 Lenz/Billeter 2004: 1907/04, Verbleib unbekannt.
3 »Die Zukunft, Eine Wochenschrift«, hg. von M. Harden (erschienen 1892–1922).
4 Hans Rosenhagen (1858–1943), Kunstkritiker in Berlin. Von Max Slevogt porträtiert.
5 Berliner Tageszeitung »Der Tag«, erschien seit 1901.
6 »Sitzender Akt« (»Polnische Kunstreiterin«), Lenz/Billeter 2004: 1905/09.
7 Jg. 21. 1905/06, Die XI. Ausstellung der Berliner Sezession, dort S. 433.
8 »Speyer im Fahnenschmuck«, Lenz/Billeter 2004: 1905/02.
9 Richard Muther (1860–1909), deutscher Kunsthistoriker, Kritiker und Schriftsteller.
10 Fritz Stahl, eigentlich Siegfried Lilienthal (1864–1928), Publizist, Kunstschriftsteller und Journalist, Redakteur am Berliner Tageblatt, schrieb auch in Westermanns Monatsheften.

Nr. 21

Brief ohne Datum [Paris, Mitte 1906]

Lieber Wittmann,
entschuldige, daß ich so lange nicht schrieb,[1] ich bin wieder fest mit meiner Arbeit im Unreinen, schinde und plage mich schwer damit herum, so daß ich zu nichts anderen komme, mich selbst und andere zu sehr vernachlässige.
Schönen Dank auch für Deinen Aufsatz in den Speyerer Zeitungen es war gut; aber mir war es doch peinlich, daß man wünschen könnte, meine Bilder sollen in Rathäuser kommen, und es könnte mir selbst dieser Wunsch zu geschrieben werden.
Übrigens, war so ungefähr um den 23. Mai oder April in der Pfälzer Presse[2] ein Berliner Brief, in dem mein Bild als das ausgefallenste, was man in der modernen Art sehen kann, bezeichnet war. Außerdem hat[te] ich ein paar große und außergewöhnlich eingehende Kritiken. Selbst Stahl schrieb in seinem Führer durch die Ausstellung merkwürdig viel und ganz besonders gut, natürlich nicht ohne doch zu sagen, gewiß ebenso scheußlich wie talentvoll.
In den Lustigen Blättern war eine Karikatur von dem Akt. In der Kunst für Alle[3] ist die Rheinbrücke! Was war im Tag? Hast Du die Kritiken aufgehoben? Ich glaube sicher ganz ausgelassen zu sein, wie auch in Kunst und Künstler, weil mich Paul Cassirer entdeckt haben will und seine Feinde wie Scheffler[4] und Heilbut[5] nicht über seine Leute viel schreiben. Ich bin mit dem Erfolg zufrieden; er scheint mir weit aus größer und echter als im letzten Jahr.
Meier-Graefe[6] hat mich in Paris aufgesucht, sagte, daß meine Arbeiten in der Sezession, sich wie große Cocotten in einer braven Mädchengesellschaft machen.
Leider kann ich Dir immer noch nichts senden, die Brücke habe ich wieder hier, gefällt mir aber so wenig, daß ich lieber etwas anderes dafür geben werde, ich bin ja jetzt so fest in der Arbeit, daß sicher etwas herausschaut und ich eine Wahl habe. Leider ist aber das Wetter ganz gemein!

Grüße Herrn Richter. Ich habe ihn, so gut ich konnte, behandelt. Es ist immerhin etwas, daß so ein Mensch nach Paris kommt. Hoffentlich hast Du aber nicht viele solcher Freunde; es wäre mir leid.
Wie geht es mit Deinen Arbeiten? Mensch gebe Dir doch Mühe, einmal irgendwo anzukommen, im ganzen Deutschland wird ja eben nicht ein gutes Buch geschrieben, da muss es doch nicht so schwer sein.
Lasse bald etwas hören und sei herzlich gegrüßt
von Deinem Purrmann.
Grüße Deine Braut.

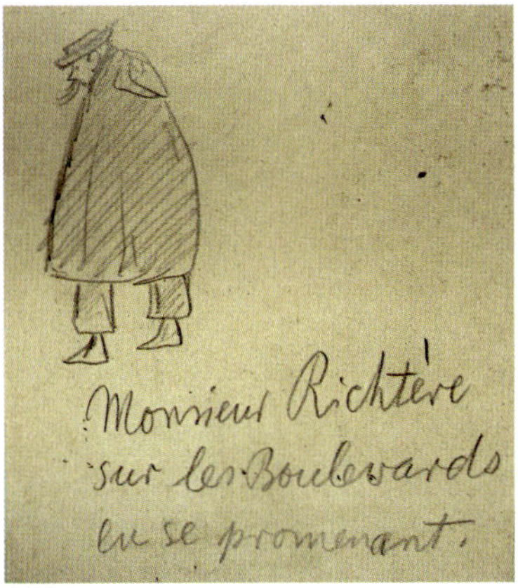

Abb. 12 Wilhelm Wittmann, Monsieur Richtère, Bleistift auf Papier, Maße unbekannt, LBZ/Pfälzische Landesbibliothek, Speyer, N 76

1 »Habt Ihr von Purrmann noch was gesehen, der Kerl läßt gar nichts hören.« (so und ähnlich schrieb Wittmann an seine Haßlocher Verwandten, Pirmasens 14.7.1908, LBZ/Pfälzische Landesbibliothek, Speyer, N 76).

2 Richtig: »Pfälzische Presse«.

3 Die Kunst für alle, Jg. 21, 1905/06, S. 419.

4 Karl Scheffler (1869–1951), Kunstkritiker und Publizist. Hg. der Berliner Zeitschrift »Kunst und Künstler«.

5 Emil Heilbut (1861–1921), Kunstkritiker.

6 Julius Meier-Graefe (1867–1935), bedeutender Kunstkritiker in Berlin.

Nr. 22

Brief mit Umschlag, Paris 14.2.1907, Eingang Zweibrücken 15.2.1907 (Poststempel)

Hans Purrmann, Paris rue Campagne première

Dr. W. Wittmann
Zweibrücken
Schillerstr. 12

Mein lieber Wittmann,
die Goya's hast Du wohl schon erhalten. Ich konnte diese Blätter unter vielen aussuchen; man zerteilte ein Buch (Original) denke jedoch nicht, daß ich diese gar so teuer kaufte, heute gebe ich noch 2 Drucke Cézanne auf die Post. Ich bitte um Verzeihung, daß ich diese Sachen so langsam besorgte; ich war eben sehr fest mitten in der Arbeit und da war es mir hauptsächlich unangenehm in einen Kunstladen zu gehen und unter Cezanne zu blättern.
Heute wurde ich auch schon fest aufgeschüttelt und unangenehm in meiner Arbeit gestört, ich will Dir diese unangenehme Geschichte lange erzählen; vielleicht kannst Du mir sogar nützlich sein.
Denke Dir meinen so großen Erfolg, von dem ich selbst am meisten überrascht wurde, ich habe von Liebermann einen Brief bekommen, daß ich als ein ordentliches Mitglied der Berliner Sezession gewählt wurde. Ich war mächtig erstaunt, nach einem Mal ausstellen! Tuch[1] der über einen Erfolg vor einem Jahr, sich sehr zu freuen hatte, wurde nur außerordentliches Mitglied, wie dies überhaupt die meisten Maler nach ein paar Mal ausstellen werden.
Ich habe nun täglich Modell, zahle jeden Tag 5 francs. Sonst lebe ich einfach und nur der Arbeit. Die kleinen Verkäufe kamen mir für diese Sache sehr, sehr angenehm, aber es kostet, so daß alles schnell aufgeht. Noch etwas, meine Mutter schrieb mir, daß sie die kleinen Bildchen, die Du kennst, an jemand um 100 Mark verkaufen könnte, ich weiß nicht wer es ist, der sie haben will. Als nun Cassirer lange auf das Geld warten ließ, bittete ich sofort in einem Brief an meine Mutter, mir das Geld im voraus zu senden, ich hätte es so wahnsinnig nötig, nach ziemlich langer Zeit bekam ich nun 60 franc und heute einen Brief in diesem mir gesagt wird,

daß der Herr der die Bilder kaufen wollte, sich nicht mehr sehen lasse und daß man endlich das Geldverlangen müde wäre, und mir in Zukunft überhaupt nichts mehr senden könne und wolle. Was sagst Du lieber Wittmann zu der merkwürdigen Gesellschaft nach all dem vielen Briefschreiben und genauen Darstellen von den Erfolgen, die Schlag auf Schlag kommen, dabei habe ich seit ich wieder in Paris bin von Oktober bis jetzt, und auch als ich in Prag war, keinen Pfennig verlangt, es wurde[n] mir sogar, außerdem daß ich nicht beschenkt wurde die Reisekosten von meinem Geld (von Weihnachten) abgezogen. Was soll ich tun, zum Teufel, gerade jetzt muß das kommen, nachdem ich mich in Paris sicher fühle, alles kenne und das erste Mal fest in der Arbeit bin und auch auf die nächste Zeit nichts verdienen kann, was sagst Du, soll ich meine Mutter treten, daß sie mir Bürge gibt, und soll ich inzwischen Leute anpumpen. Wie macht man das? Braucht man noch jemand dazu?
Lieber Wittmann, langweile Dich nicht so sehr mit all diesem Zeug, aber um jeden und schnellen Rat, was ich tun kann und was möglich ist, bitte ich Dich sehr.
Es freut mich, daß Du Deine Arbeit an Langen[2] geschickt hast, ich wünsche viel Glück! Ich kenne nur Pascin[3] und Finetti, die mit Langen bekannt sind und in Verbindung stehen, ich will beide bitten, es wäre aber auch gut, wenn Du selbst schreiben wolltest. Finetti wohnt Berlin W 22, neue Winterfeldstr. 27 und Pascin in Bucarest Strada Labirinth.
Uhde[4] hat nur Beziehungen zu anderen Verlagen, ist aber jetzt ganz heruntergekommen, ich verkehre auch gar nicht mehr viel mit ihm er macht immer die …[5], arbeitet und treibt überhaupt nichts mehr, mit ein paar immer wieder kehrenden Worten von Wilde[6] redet er sich aus und macht damit angeblich das Leben zum Kunstwerk.
Lebe wohl, sende mir einmal wieder etwas Geschriebenes und freue Dich an den Drucken, die bald nach diesem Briefe folgen werden.
Herzlich grüßt Dich Dein H. Purrmann
Paris 5 rue Campagne première

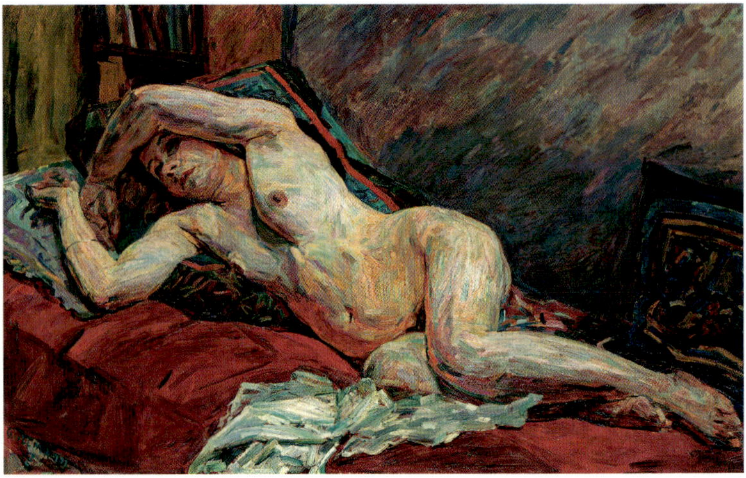

Abb. 13 Hans Purrmann, Liegender Akt, 1907, Öl auf Leinwand, 88,5 x 138 cm, Privatbesitz

1 Kurt Tuch (1877–1963), Maler, Zeichner, Lithograph. Zweiter Villa-Romana-Preisträger (1905).

2 Adressat ist der Verleger Albert Langen in München, der aber wohl das Manuskript Wittmanns abgelehnt hat.

3 Jules Pascin, auch Pasquin (urspr. Julius Mordecai Pincas), bulgarischer Maler. Namensänderung 1905. Lernte in München die Kunststudenten der Stuckschule, u.a. Purrmann, Weisgerber, Finetti kennen und war mit ihnen befreundet. Mitglied des Dômier-Kreises in Paris (Gautherie-Kampka 1996, S. 82).

4 Wilhelm Uhde (1874–1947) war ein deutscher Kunsthändler und hatte seit 1904 eine Kunsthandlung in Paris am Montparrnasse.

5 Wort nicht lesbar.

6 Oscar Wilde (1854–1900), englischer Schriftsteller und Dramatiker.

Nr. 23

Brief mit Umschlag, 9.5.1907 (Poststempel)
Abs. Paris, Rue Campagne première

Monsieur
Dr. W. Wittmann
Zweibrücken
Schillerstr. 12

Lieber Wittmann,
danke herzlich für Deinen Brief, Herr Richter[1] wurde gut aufgenommen. Ich werde ihm die Sachen an Dich mitgeben; er ist mir eine angenehme Post.
Ich habe auf der Sezession wahnsinnig schlechte Besprechungen. So etwas von Gemeinheit habe ich selten gehört. Ich habe mir Mühe gegeben ein schönes Weib zu malen, und ein Kerl schreibt von einer mit grüner und blauer Seife beschmierten alten Vettel.[2] Bitte, Du würdest mir einen großen Gefallen tun, auf alle Zeitungen acht zu geben.
Hoffentlich kommst Du auch einmal fest hinein, lasse nur nicht los. Sehe nach München zu kommen, auch wenn es noch viel kosten sollte, lege viel Wichtigkeit dieser Frage bei.
Mir ging es wahnsinnig schlecht in der letzten Zeit. Ich wußte schon gar nicht mehr, was tun; auch ganz ohne Geld und mein Akt, der kostete mich furchtbar viel. Vor wenigen Tagen schrieb ich nun an Schalk[3], er soll mir etwas Geld leihen, ich schrieb höflich, ohne zu betteln, gab auch einige Erfolge der letzten Zeit an. Schalk schrieb einen saugemeinen Brief, schrieb, daß er schon viel von seinen <u>Freunden</u> mit Geld verleihen verloren. Ich sollte einen Schulschein schreiben, d.h. er war aufgesetzt, ich sollte nur unterschreiben, das Geld jederzeit verlangen und auf jede Klage verzichten und 5% Zinsen zu zahlen. Dabei schickte das Schwein nur 200 Mark. (<u>Bitte spreche nicht darüber</u>) Ich schickte am nächsten Tag Schuldschein und Geld <u>zurück</u>!
An meine Familie schrieb ich dann gestützt auf meine neue Ausstellung um Geld. Ich bittete so sehr ich konnte, sprach, daß ich billig leben wollte und es möglich machen könnte, indem ich einen Freilichtakt besuche der

in einem Monat nur 50 frank kostet. Leider aber wurden mir nur ausgerechnet 60 franks geschickt.
An diesem Empfangstag war ich sehr traurig und wußte schon gar nicht mehr, wo aus und wo ein, und am selben Abend wußte ich schon, daß der Professor Emil Orlik[4] von dem Kunstgewerbemuseum meinen großen Akt um 800 Mark gekauft hat. Donnerwetter, denke Dir meine Freude! Auch meine Winterlandschaft[5] schmückt der Zettel verkauft. Leider war das Bild früher Cassirer, der mir das selbe um 300 franks abkaufte. Vielleicht zahlt er mir, wenn er viel bekommen hat, den Unterschied.
Der Pont Neuf gehört schon Otto Cassirer[6] und die böhmische Landschaft[7] Kahlers.
Gestern kam ein Herr, von Cassirer zu mir geschickt, und wollte Arbeiten von mir sehen und sagte, meine Arbeiten machen starkes Aufsehen, seien wunderschön aufgehängt an den besten Plätzen, man spreche ungeheuer viel und sei sehr, sehr geteilter Meinung. Die einen und zwar die Besten sagen wundervoll, und viele sagen schauderhaft.
Lieber Wittmann, noch eine Bitte ich bin auf die ganzen Speyerer so schlecht gestimmt, daß ich gerne sie kränken wollte. Du könntest vielleicht in der Speyerer Zeitung schreiben, von beiden Verkäufen. Bezeichne, wenn Du überhaupt von Geld sprichst, 1000 Mark für den Akt: liegende nackte Frau, vergesse aber nicht den Käufer anzugeben, der selbst sehr berühmt sei und, wie schon gesagt, Prof. an dem Kunstgewerbemuseum. Auch daß ich ordentliches Mitglied geworden sei, und auf einer so kleinen und stark ausgewählten Ausstellung 4 Bilder hätte. Du kannst das gewiß kurz und gut machen, ich glaube selbst, Du hast eine kleine Freude dabei, den Schweinen das vor zu reiben.
Ich werde schon mich dankbar zeigen und ein par gute Sachen an Dich, dem Herrn Richter mitgeben.
12 Bilder sind auf der Sezession verkauft. Cassirer hätte meinen Akt auf alle Fälle gekauft, er selbst soll ihn sehr lieben.

Lieber Wittmann, mache mir die Sache, sobald Du selbst glaubst, daß es zu tun überhaupt Sinn hat.

Vielen herzlichen Dank und herzliche Grüße an alle, die ich kenne und die Dich und mich etwas angehen. Dein Purrmann

Fischers[8] Geschichte ist wundervoll und machte mir große Freude.
am Rand: der in Paris lebende Purrmann, Landsmann u.s.w.

1 Bekannter von Wittmann, nicht näher zu ermitteln.
2 Vgl. Göpel 1961, S. 40, der Purrmann zitiert: »als man von [...] der schönen Kunstreiterin [...] als einer von einer mit grüner und blauer Seife beschmierten alten Vettel sprach und unter der Karikatur derselben zu lesen war: ›Sie geht bei der Hitze leicht perdu, die Eva aus altem Fromage de Brie.‹«
3 Karl Schalk, Mitinhaber der Zigarrenfabrik Wellensieck & Schalk, Speyer.
4 Emil Orlik (1870–1932), Maler und Graphiker, mit Slevogt befreundet, seit 1905 in Berlin.
5 Vielleicht die »Schiffsbrücke im Schnee« (Lenz/Billeter 2004: 1906/06).
6 Gemeint ist wohl Bruno Cassirer.
7 Es nicht genau zu ermitteln, welche Bilder aus Svinar Purrmann meint.
8 Es könnte sich um Kuno Fischers »Geschichte der neueren Philosophie« handeln.

Nr. 24

Bildpostkarte[1], Paris 4.4.1907

Monsieur Dr. W. Wittmann,
Zweibrücken
Rheinpfalz
Schillerstraße 12

Lieber Wittmann, schönen Dank für Deine Karte, wie kommst Du darauf dass ich nicht Campagne I wohnen würde. Ich wollte Dir schon längst schreiben bin aber so fest in der Arbeit, dass ich nichts anderes denken kann. Bald werde ich mehr davon berichten, es ging mir in der letzten Zeit nicht schlechter, Cassirer gab mir, von Speyer bekam ich auch etwas. Zeichnung werde ich senden, habe mir noch einige Tage Geduld weßhalb sage ich später.
Grüße Deine Braut und Deinen Großvater
herzlich grüßt Purrmann

1 Motiv: Bonington, Vue du Parc de Versailles (Musée du Louvre).

Nr. 25

Brief mit Umschlag, Paris, 23.12.1907 (Poststempel)
5 Rue de Campagne, première

Monsiéur
Dr. W. Wittmann
Zweibrücken
Schillerstr. 12

Mein lieber Wittmann,
nehme mir doch bitte nicht übel, daß ich, ohne daß die geringste Idee zu Grunde läge, nicht an Dich schrieb oder ich bis heute noch kein Bild sendete.
Wie viel ich Dir zu sagen hätte, könnte ich nicht in Briefen unterbringen. Ich lebe in einer mir sehr Unruhe bringenden Zeit. Ich wollte nach dem Süden, und bleibe aus Gründen hier, die es mir der Mühe wert erscheinen lassen. Der stärkste der jungen französischen Maler Henri Matisse, mein bester Freund, gab mir Anregungen, die mir alle Zeit und Gedanken wegnehmen und mich in meiner Kraft förmlich umdrehen. Für Matisse konnte ich nichts tun, als Osthaus[1] zu bewegen, für Hagen ein großes Bild und 6 Zeichnungen zu kaufen, Cassirer zu einer Ausstellung bewegen und in der Schwarz-Weiß-Ausstellung seine Zeichnungen vorzustellen; in dieser Ausstellung ich auch ausgestellt habe.
Von meinen Sachen, die ich sehr lieb habe, ist mir recht schwer, mich zu trennen, außerdem habe ich ja viel noch mit den Arbeiten mich auseinanderzusetzen; aber in einiger Zeit werde ich Dir sicher was sehr Schönes zusenden.
Lieber Wittmann, ich bitte Dich, hier Nachsicht zu haben und mir die Versicherung zu glauben, daß ich nirgends lieber als in Deine Hände werde eine Sache geben, von der ich selbst etwas halte. Aber so wenig ich an eine Ausstellung denke kann ich jetzt an Dich denken.
Über Deine Lage kann ich wenig sagen, ich hätte Dich lieber begeisterter davon reden hören, sehe, daß Dir nur …[2] davon zukomme und denke an die Kunst, die aber doch aus anderen Gegenden Anregungen sucht.
Ich werde Dir in nächster Zeit ein Heft über Matisse senden, woraus Du diesen Mann ungefähr kennen lernen kannst, hätte aber viel lieber eine

lange Unterredung mit Dir, ein längeres Zusammentreffen, wobei wir mehr von Kunst und Künstlern reden könnten, aber wenn Du nicht daran denkst, mich zu besuchen, so wird es inzwischen Frühjahr werden, wo ich nach Speyer kommen wollte.

Lebe wohl, feiere ein schönes Weihnachtsfest, und nehme mir nicht übel, daß ich mit einer Sendung noch warten will.

Grüße Deine Braut!

Mit vielen herzlichen Grüßen Dein

Hans Purrmann

Paris, Weihnachten 1907

1 Karl Ernst Osthaus (1874–1921), Kunstmäzen und Kunstsammler in Hagen/Westfalen.

2 Nicht lesbar.

Nr. 26

Brief, Paris Juni 1908

Mein lieber Wittmann,
mit einem dicken Seifenwasser in dem ein alter Zigarrenstummel lag, und der es braun machen soll, bestreicht man die Gipsfiguren. Das ist einfach und nicht schlecht. In München machte ich diese Sachen mit Wachs; das ist aber sehr mühsam und nicht einmal so gut.
Sage mir, hast Du Kataloge, aus denen man Figuren beziehen kann? Ich hätte mir schon sehr gerne irgendeine Aktfigur schicken lassen, etwa von Riemenschneider, eine kleinere Sache, oder den Adam und die Eva in einem guten Guß, die Du bei meinem Bruder oder auch öfter in München zu sehen bekamst. Kannst Du mir vielleicht diese per Nachnahme zusenden lassen?
Es freut mich zu hören, daß es Dir gut geht, Ich dachte nur immer, es wäre besser, daß Dir der Rechtsanwalt nicht so gar gut gefallen würde. Zum Heiraten gratuliere ich. Ich dachte auch schon daran, aber ich bin öfters verliebt und habe immer kleine Geschichten. Aber zum Heiraten fehlt mir doch noch die rechte Frau.
Ich arbeite viel und bin ein Schüler und Freund von Matisse. Ich habe nicht ausgestellt, bekomme aber um wenigstens einfach leben zu können von Cassirer noch 2 Jahre Geld[1], ohne gleich etwas dafür malen zu müssen. Die Arbeiten, die ich Dir schickte, freuen mich nicht viel. Ich wollte Dir nur das Maul stopfen und hatte nur vor, diese später gegen etwas anderes einzutauschen.
Vielleicht komme ich bald auf eine kleine Zeit nach Deutschland, ich werde davon schreiben.
Wo ist Deine Schwester in Paris?[2]
Grüße Deine Braut und nehme Grüße und alle gute Wünsche für Deine Heirat
von Deinem
Hans Purrmann
Kleine Kopfzeichnung. Paris Juni 1908
86 Rue de Sèvres

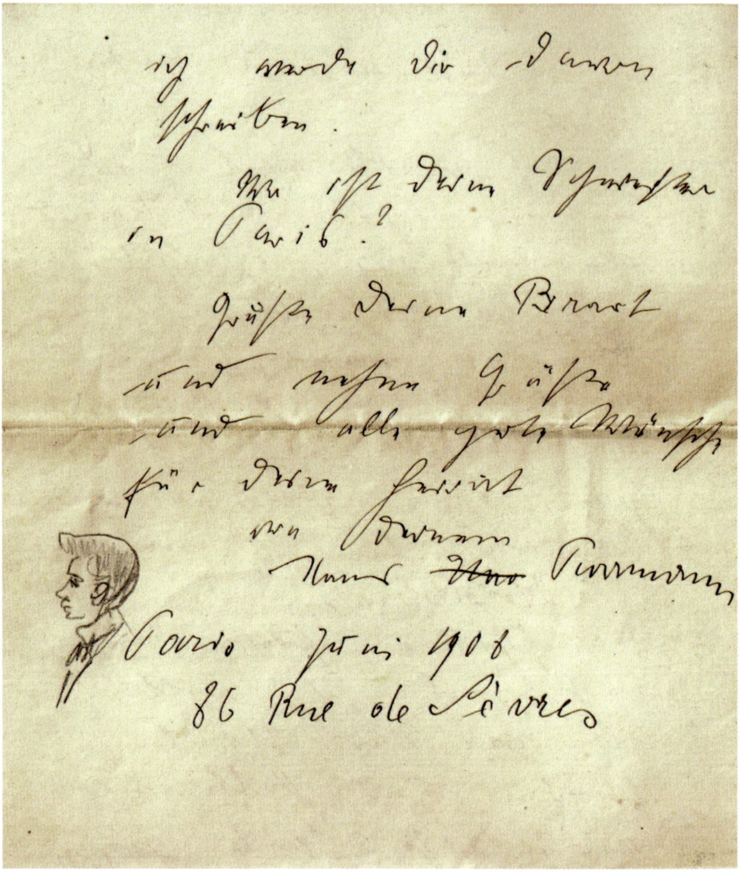

ich werde Dir davon
schreiben.
Wo ist deine Schwester
in Paris?
Grüsse deine Braut
und meine Grüsse
und alle guten Wünsche
für deine Heirat
von deinem
Hans Purrmann
Paris Juni 1908
86 Rue de Sèvres

Abb. 14 Brief Nr. 26 mit Bildniszeichnung

1 Paul Cassirer hatte ihm für 2 Jahre ein Stipendium ausgesetzt, vgl. Beitrag Leisen, S. 53.

2 Wittmanns Schwester Emmy war um diese Zeit in Paris bei einer Familie Lesseps angestellt.

Nr. 27

Fotopostkarte aus Cassis 26.2.1909 (Poststempel)

Monsieur Dr. W. Wittmann
Rechtsanwalt
Pirmasens
Rheinpfalz
Bahnhofstr.

Lieber Wittmann! Wie geht es! Was macht Dein Freund! Du solltest einmal die Schlappenflicker[1] verlassen, hier ist schöner Sommer. Farben und die Gärten und Anhöhen haben ein freundliches Aussehen! Auch blühen die Mandeln!
Sei herzlich gegrüßt Dein Hans Purrmann.
Cassis sur Mer. Hotel Cendrillon

1 Anspielung auf die Pirmasenser Schuhfabrikation.

Nr. 28

Fotopostkarte aus Cassis 1909 (Poststempel), wahrscheinlich 6.5.1909

Monsieur W. Wittmann
Rechtsanwalt
Pirmasens
Bahnhofstr. 40

Herzlichen Gruß
ich bin in Cassis wo ich den Sommer über bleiben werde. Hier ist eine Sonne, mein Lieber, ein blaues Meer und Früchte in Fülle.
Grüße Deine Frau.
Hast Du die Daumier erhalten?
Purrmann

Nr. 29

Brief Cassis B.- du-Rhône, Hôtel Cendrillon, 25.6.1909

Monsieur
Dr. W. Wittmann
Rechtsanwalt
Pirmasens
Bahnhofstr. 40 (Pfalz)

Mein lieber Wittmann,
wenn ich offen sein soll, so muß ich Dir, so leid es mir auch tut, Dich nicht zu sehen, abraten, in die Provence zu reisen[1], nicht, daß ich Dir Furcht machen wollte wegen Erdbeben, das wäre lächerlich, obwohl die Leute hier sehr impressioniert und das letzte Erdbeben vom 12. Juni[2], wie Du wohl gelesen hast, über hundert Tote machte und einen Schaden von 17 Millionen anrichtete. Aber wohl und zur Hauptsache wegen der Hitze, es ist was ganz anderes für mich, wenn man sich gewöhnt und darauf einrichtet und nicht im Eisenbahnwagen sein muß, die Hitze erreicht bis zu 42 Grad. Ich habe wohl großen Lohn dafür. Die Landschaft ist von einem Reichtum, den Du Dir nicht vorstellen kannst; von einer Farbe, die schwer zu malen und noch weniger zu beschreiben ist: Der Himmel wie ein wunderschöner tiefblauer Vorhang hinter allem, das Meer blau, blau, mein Gott, wie schön. Ein Geruch ist in der Luft, wunderbar, stark, der Winter ist nicht dasselbe, obwohl auch immer 18 bis 25 Grad Wärme ist, der Himmel immer blau ist, die Bäume Oliven und Pinien immer grün sind, obwohl es auch Blumen hat. Die Provence muß man einmal kennen, aber nicht auf der Reise, oder nur im Winter; denn im Sommer zwischen 10 und 4 Uhr ist alles tot, die Läden zu, die Zimmer ganz dunkel, draußen eine Sonne nicht zu beschreiben; die Augen tun einem weh. Man wird müde und die ersten Tage möchte man immer schlafen, selbst das Essen ist darauf eingerichtet; der Knoblauch ist ein starkes Schlafmittel. Nach 4 Uhr ist es möglich, aus dem Hause zu gehen; dann beginnt man wieder zu leben.

Lieber Wittmann, es wäre Unrecht, wollte ich Dich hierher einladen. Du kannst es wohl einsehen, Korsika ist ganz und gar unmöglich. Ich kenne Leute, die [es] schon im April nicht mehr aushalten konnten.

Die Stierkämpfe sind leider nur im Sommer; Museen sind wenig. Die Städte sind wunderbar schön, alt und sehr interessant. Marseille wunderbar! Gehe lieber nach Holland, Amsterdam. Von da hast Du alle Möglichkeiten. Du kommst in einer halben Stunde nach Harlem, die Halz[3] ansehen, bist dann gleich in Sandford am Meer, es ist gewiß auch schön und was wäre nicht schön gegen dieses jämmerliche, dreckische[4] ekelhafte und scheußliche Pirmasens. Allerdings der Norden scheint mir farblos, ist traurisch gegen den Süden. Hier bedauert man nicht geboren zu sein trotz der Hitze, trotz der Straßen, die die Augen schmerzen, trotz der Mücken und Schnaken, und der Leute die unsauber sind, auf die Straße scheißen, das dann die Sonne schnell auftrocknet.

Mein lieber Wittmann,

ich bedauere, Dir so entschieden abraten zu müssen aber, wenn Du willst, sende ich Dir den Baedecker und Guides Ivonne[5] von der Provence. Du wirst jedoch nicht besser berichtet werden und finden, daß alle großen Hôtel geschlossen haben und eine Wanderung nahezu unmöglich ist für einen Menschen, der aus dem Norden kommt.

Sei herzlichst gegrüßt, grüße Deine Frau und schreibe hin und wieder Deinem Purrmann.

Bitte, wolltest Du nicht meine Mutter besuchen, wenn Du wieder nach Speyer kommst, sie war sehr krank, in ihrem letzten Brief schrieb sie mir, daß sie sich sehr freue, daß Du mich besuchen wolltest, daß sie Dich gern sprechen wollte.[6]

Cassis B. du Rhône / Hotel Cendrillon

25. Juni 1909

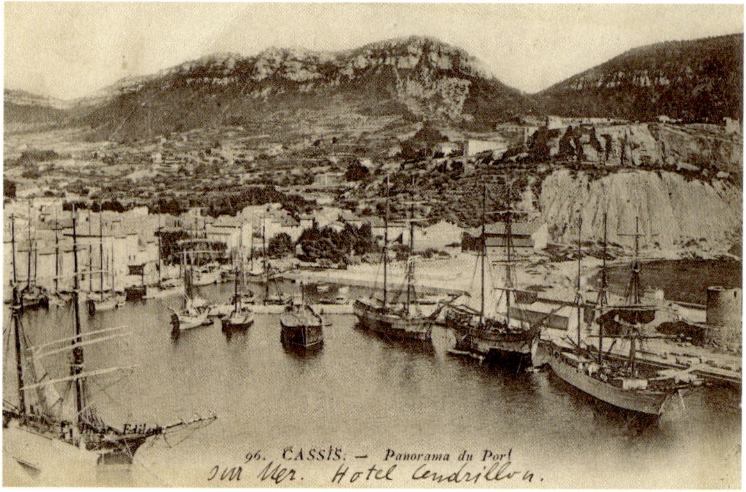

Abb. 15 Vorderseite von Postkarte Nr. 28, Ansicht von Cassis

1 Wittmann gedachte seine Hochzeitsreise in die Provence zu machen.

2 Erdbeben der Stärke 6,2. Es starben 46 Menschen, verletzt wurden 250 und rund 2000 Gebäude beschädigt. (https://de.wikipedia.org/wiki/Erdbeben_in_der_Provence_1909, Stand 8.7.2012).

3 Im Frans-Hals-Museum.

4 Hier scheint Purrmanns pfälzischer Dialekt durch.

5 Nicht verifizierbar.

6 Wittmann schreibt am 22.3.1908 an seine Haßlocher Verwandten: »Purrmann schickt öfters Karten, seine Mutter muß ich auch mal wieder besuchen.« (LBZ/Pfälzische Landesbibliothek, Speyer, N 76).

»Jetzt lerne ich zeichnen …«: Zum grafischen Frühwerk Hans Purrmanns

Felix Billeter

Neben den neuen Einsichten in Purrmanns Pfälzer Herkunft, seiner manchmal schwierigen wirtschaftlichen Situation als freier Künstler bzw. seinen künstlerischen Stationen, die sich aus den Briefen an seinen Jugendfreund ergeben, sind vor allem zwei Briefe aus Berlin vom Winter 1904/05 bemerkenswert. Hier äußerte er sich überraschenderweise, blickt man auf das erstaunliche malerische Frühwerk, über ein neues Faible: das Zeichnen.

Am 14. Dezember 1904 schreibt Purrmann (Nr. 14):

»… Nur mit dem Köpfemalen geht es nicht besser; jeder Kopf ist eine neue Aufgabe. Aber mit so einem verfluchten Ernst war ich noch nie dabei. Ich zeichne bei Corinth zwei Stunden [am] Abend noch jeden Tag. Es ist eine Einführung. Ich hätte nie gedacht, so ein Interesse an der organischen Form zu bekommen.

Es sind meist dunkle Tage. Ich arbeite von 10 bis 1 Uhr im Atelier, dann schnell zum Mittagessen [Terminus], ganz nahe dem Kaiser Friedrich – Museum, das ich regelmäßig bis 3 Uhr besuche. Rubens, Velasquez und Rembrandt, was anderes habe ich noch nicht gesehen. Ich glaube auch kaum, daß ich für die deutschen und italienischen Meister [Zeit] bekomme…«.

In einem weiteren, wohl Anfang 1905 geschriebenen Brief (Nr. 17) berichtet er über diese neuen Erfahrungen:

»… Es beschäftigt mich auf einmal die Zeichnung ganz von selbst. Ich laufe in die Kupferstichsammlung, staune vor den Zeichnungen eines Monet, und finde auf einmal, daß eigentlich das meiste die Zeichnung vermag. Eine Zeichnung von Rubens, Rembrandt, Manet oder Velasquez […] ist beinahe der größte Teil am Malen, und diese sprechen viel mehr [als?] Photographien von Bildern derselben, vereinfacht, organisch, oft liegt mehr Sinnlichkeit in der Zeichnung als in der Farbe, der ich nur allein das Vermögen zuschrieb

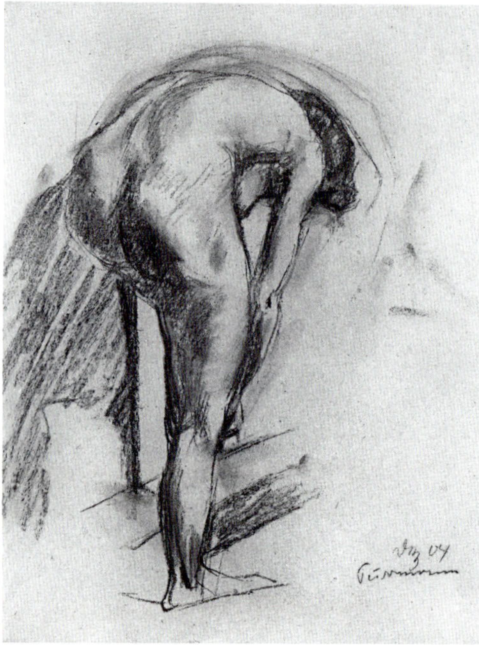

Abb. 1
Hans Purrmann,
Seitlicher Rückenakt,
1904, Kohle auf Papier,
44 x 32 cm, Privatbesitz

> *[…] Ich zeichne schlecht, und habe [von] jeher schlecht gezeichnet. Es hat mir schon viel unmöglich gemacht. Stuck konnte ich nicht verstehen, bei mir muß alles von selbst kommen. Jetzt lerne ich zeichnen, fühle dabei wollüstig […].«*

Diesem Eingeständnis zufolge arbeitete Purrmann in außerakademischen Kunstschulen Berlins bei dem Grafiker und Karikaturisten Heinrich Zille oder bei dem Bildhauer Lewin-Funcke, wie er hier schreibt, vor allem an seiner Porträtmalerei (»Köpfemalen«), bei der er aber nicht vorankommt. Um sie in den Griff zu bekommen, nimmt er – wie es auch Anfänger tun – »Abendakt« und findet hier erst eigentlich zur Zeichenkunst, seine bisherigen Versuche hält er sogar für »schlecht«.

Sein Lehrer Franz von Stuck scheint ihm während seiner Münchner Studienzeit kein vertieftes Interesse an der Zeichnung vermittelt zu haben. Purrmann wechselte bereits nach einem Semester in der Zeichenklasse von Gabriel Hackl in die Mal- und Komponierklasse von Stuck. Hier arbeitete er zwar jahrelang nach Modell, aber wohl stets in Öl. Auf die besonderen

Abb. 2
Hans Purrmann,
Stehender Rückenakt, 1905,
Kohle und Kreide auf Papier,
45,5 x 32,3 cm, Privatbesitz

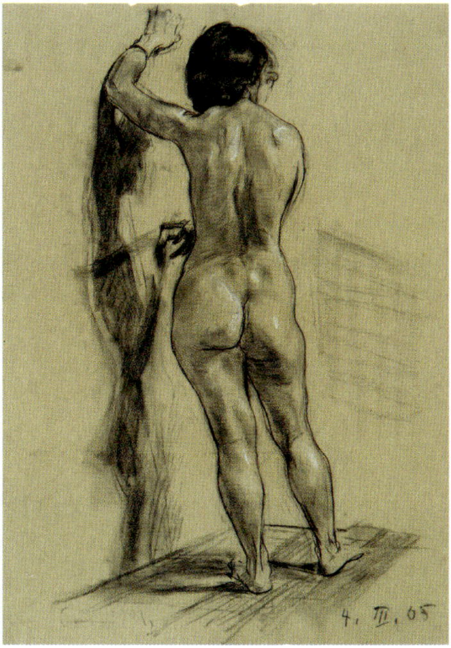

Qualitäten des Zeichnens musste Purrmann, wie er schrieb, erst von alleine kommen.[1] Diese selbst gefundene Begeisterung hing, so legen es die Briefe nahe, mit dem auch in Berlin erfolgreichen Lovis Corinth zusammen, vor allem vermutlich von seinen mächtigen, an Rubens orientierten Frauenakten, die er dann in diversen Figurenkompositionen verwendete, so beispielsweise die »Drei Grazien«, 1904 entstanden. Corinth lebte und arbeitete bis 1901 in München und war dem jungen Kunststudenten sicherlich aus Ausstellungen, wenn nicht sogar persönlich bekannt. Corinth hatte dann 1902 in Berlin eine eigene Malschule gegründet, über seinen dortigen Unterricht gibt heute seine Publikation anschaulich Auskunft: Das Buch »Das Erlernen der Malerei« erschien 1908.

Purrmanns Gemälde »Im Schlachthaus« aus dem Jahr 1903 ging bereits auf Corinths (und Rembrandts) Vorbild zurück.[2] Ob Purrmann nun Corinths eigene Malschule frequentierte, um Akt zu zeichnen, oder dies in der Zille-Schule tat, wo Corinth zeitweise Zeichenunterricht erteilte, bleibt noch zu klären.

Neben Tizian bleibt Rubens einer der wenigen Altmeister, von denen es bei Purrmann gesicherte Kopien nach Gemälden gibt.[3] Wie er 1904 an Wittmann schrieb, fand er nun auch Gefallen an den Zeichnungen eines Rubens oder Rembrandts, die er im Berliner Kupferstichkabinett studierte.[4]

Aus der Berliner Zeit finden sich ungewohnt viele datierte und signierte Arbeiten von Purrmann, manchmal sogar mit Adressen der Modelle versehen. Im Brief Anfang 1905 (Nr. 17) hebt Purrmann dies sogar hervor. Die Reihe beginnt im Dezember 1904 und endet im März 1905 (Abb. 1–2). Sie besteht weitgehend aus weiblichen Akten auf für Purrmann ungewöhnlich großen, manchmal grau gefärbten Papieren (ca. 450 x 330 mm), oft mit Kohle oder schwarzer Kreide, aber auch weiß in den Lichtern oder im Inkarnat (Rötel). Gelegentlich auch mit Draperie oder als Figurenpaar mit Andeutungen von Handlung. Seinen Standorten im Atelier geschuldet, kommen dabei sehr oft Rückenakte vor.

Purrmann erarbeitete sich demnach die Technik der großen farbigen Zeichnung sowie den weiblichen Akt als neues Bildmotiv, das es vor 1904 bei ihm kaum gegeben hatte. Nicht von ungefähr stellt die so genannte »Polnische Kunstreiterin« (WV 1905/09) sein erstes großformatiges Aktbild überhaupt, das Hauptwerk des Jahres 1905, vor. Im Unterschied zu Corinth transformierte aber Purrmann seine zeichnerischen Aktstudien nicht in ein Historienbild, sondern bleibt bei der Schilderung der Sitzung eines geduldigen Modells. An diesem Gemälde hebt denn auch Wittmann in seiner Rezension 1905 vor allem die Peinture hervor.

Wie kommt es zur Begeisterung für Rubens und Corinth und zu einer Annäherung des Malers Purrmann an das Zeichnen? Was wissen wir überhaupt von Purrmann als Zeichner vor seinem Berlinaufenthalt? Dank der noch laufenden Recherchen für das Werkverzeichnis der Handzeichnungen können wir folgende Entwicklungsschritte unterscheiden, die sich mit den Phasen seiner künstlerischen Ausbildung decken:

Aus der Zeit an der Kunstgewerbeschule in Karlsruhe 1895/97 existieren zwei Skizzenbücher, die von Purrmann auf einigen Seiten 1896 oder 1897 datiert werden,[5] dazu ebenfalls aus dieser Zeit einige sehr durchgearbeitete Kohlezeichnungen in Form einer Flusslandschaft, die am 10. Juli 1896 entstand (Abb. 3), und eines Bildnisses eines unbekannten Mannes. Es sind fertige Bilder. In den Skizzenbüchern und einigen freien Blättern steht vor allem das Erfassen des Gegenständlichen durch Abzeichnen im Vordergrund,

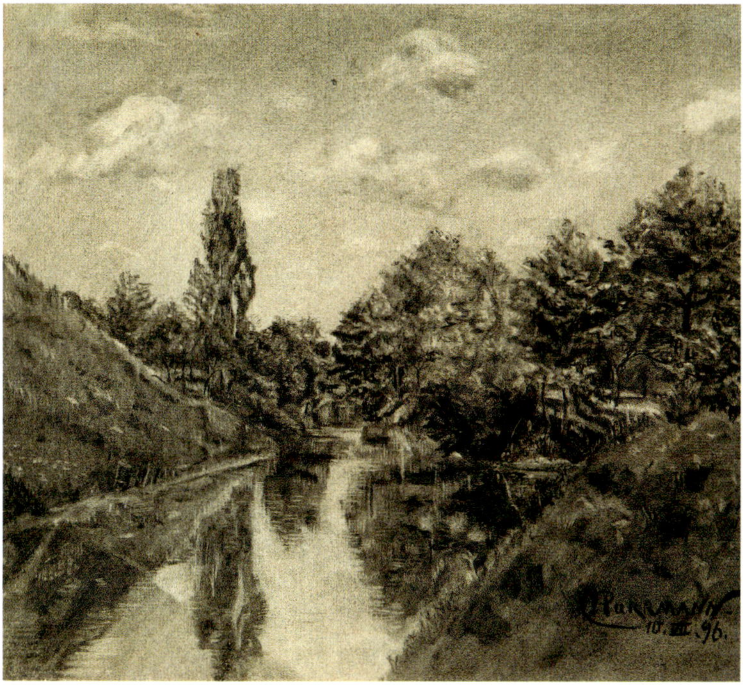

Abb. 3 Hans Purrmann, Flusslandschaft, 1896, Kreide auf Bütten, 26 x 29 cm, Privatbesitz

anfangs sogar das Zeichnen nach Fotografie (vgl. Bildnis des Vaters Purrmann nach einer entsprechenden Porträtaufnahme). Erstaunliche Versuche im Porträtfach stechen in dem späteren der beiden Skizzenbücher ins Auge: Möglicherweise lässt sich sein früher Studienkollege Rudolf Levy identifizieren; vor allem aber widmete sich Purrmann dem Selbstporträt, einer Bemühung, der er sich in mehreren Blättern unterzog und die in dem bekannten Gemälde von 1897 gipfelte (Purrmann-Haus, Speyer).

Merkwürdigerweise haben sich aus der Akademiezeit in München nur sehr wenige Zeichnungen erhalten. Soweit bekannt keine, welche sich direkt mit dem Unterricht bei Stuck in Verbindung bringen lassen. Einige stehende oder sitzende männliche Akte, die laut Datierungen wohl im Ersten Semester 1898 in der Naturklasse von Gabriel Hackl entstanden sein müssen, sind routi-

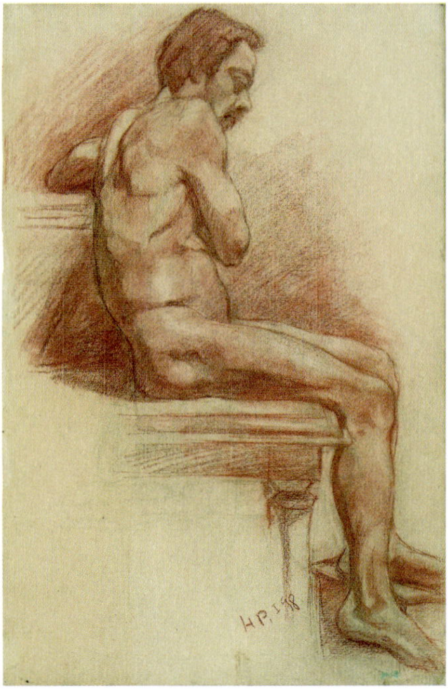

Abb. 4
Hans Purrmann,
Sitzender männlicher Akt, 1898,
Rötel auf Bütten, 47 x 30,5 cm,
Privatbesitz

nierte Kohlezeichnungen. Es sind reguläre Aktstudien, von denen es etliche mehr gegeben haben wird. Darunter befinden sich auch Rötel-Zeichnungen, ein sitzender männlicher Akt, der eine virtuose Beherrschung im Technischen verrät (Abb. 4).

Erst nach Ende des Studiums lassen sich 1903 und 1904 wieder einige Blätter gruppieren: Sie widmen sich hauptsächlich dem Landschaftsbild und heben sich in ihrer malerischen Helldunkel-Behandlung deutlich von den Blättern der Akademiezeit ab. Sie sind keine Vorstudien zu späteren Landschaftsgemälden, wie sich im gesamten Corpus der Handzeichnungen nur selten »Vorzeichnungen« finden lassen. Es sind jetzt vielmehr autonome Zeichnungen, Sammlerstücke, die als Pendants zu den frühen impressionistischen Gemälden Purrmanns, etwa dem »Zeitungsleser«, gelten können: Es sind neben einem Bildnis seines Freundes Wittmann vor allem landschaftliche Motive aus Speyer und Umgebung: Der Hafen entstand 1903 (Abb. 5); andere Ansichten wurden im März 1904 gefertigt: Der Domgarten, die Ziegelei oder eine Allee am Rhein – letzteres auch ein Motiv, dem Purrmann

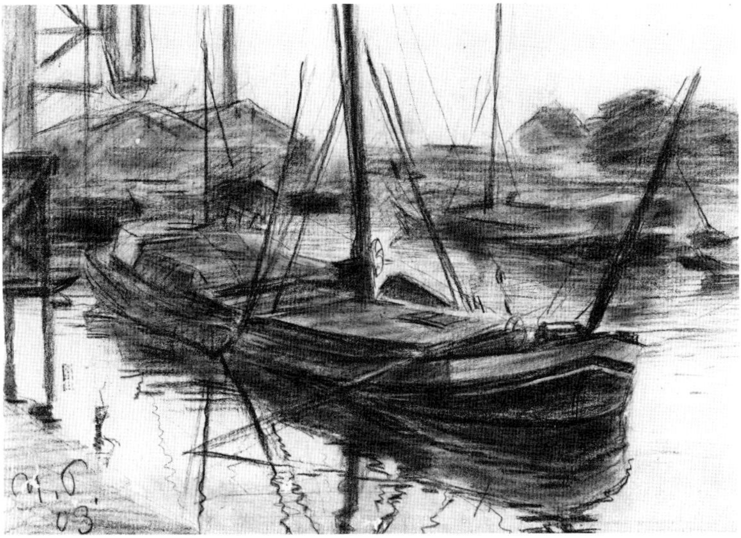

Abb. 5 Hans Purrmann, Speyerer Hafen, 1903, Kohle auf Papier, 20,8 x 27,2 cm, Stadt Speyer

seine erste Druckgrafik, eine Radierung, gewidmet hat (Heilmann 1: »vor 1907«). Besonders die im März 1904 gezeichneten Blätter lassen sich als erste Versuche einer seriellen Arbeitweise werten, die Purrmann später bevorzugte. Purrmanns betont malerische Zeichenart mit realistischen und unspektakulären Landschaftsmotiven mag Eugen von Kahler im Sommer 1903 bewogen haben, bei Purrmann Zeichenunterricht zu nehmen.

Wie aus den Briefen an Wittmann hervorgeht, begab sich Purrmann 1903 auf »Wanderschaft«, nach Regen (wegen der Schneelandschaften), ins Ruhrgebiet (Duisburg) mit der dort sichtbaren harten »Welt der Industriearbeit« und nach Svinar bei Prag, wo er – wie auch 1904 – sich besonders der Landschaft und dem Bildnis widmete. Diese Zeit der Orientierung 1903/04 setzte Purrmann mit dem Wechsel nach Berlin fort. Dort steigerte er den Frauenakt zur großen, bildmäßig farbigen Zeichnung, in der er besonders die organische Form und Sinnlichkeit der Figur vor Augen führte. Vorbilder hier waren Rubens und Corinth, 1905 gekrönt mit dem Gemälde der »Polnischen Kunstreiterin«. Letztlich führte es Purrmann aber über eine ikonografische

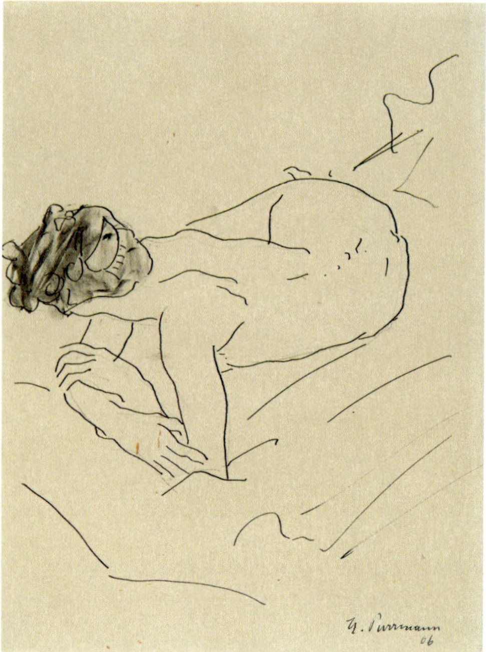

Abb. 6
Hans Purrmann,
Liegender weiblicher Akt,
1906, Tusche auf Velin,
34 x 25,5 cm, Saarland-
museum, Saarbrücken

Erweiterung auf das Gebiet des Aktes nicht hinaus. Stilistisch blieb er immer noch den Werken der deutschen Postimpressionisten Liebermann, Corinth und Slevogt verhaftet.

Zur eigenen Kunst fand Purrmann erst nach einiger Zeit in Paris, wohin er sich im Herbst 1905 begeben hatte, um zunächst Werke von Edouard Manet zu studieren. Bekanntlich lernte er dort den Maler Henri Matisse kennen. Diesem wurden interessanterweise noch vor einer persönlichen Begegnung Zeichnungen Purrmanns vorgelegt, die er als »etwas beengt« kritisierte und meinte, dass er dem Urheber zu »größerer Freiheit« und zu »einem Sichgehenlassen« verhelfen könnte.[6] Dies gelang denn auch spätestens mit dem Unterricht an der Académie Matisse. Vielleicht hatte Matisse zuerst Federzeichnungen von 1906 zu Gesicht bekommen, in denen weibliche Akte als reine Konturzeichnungen wiedergeben und gelegentlich mit Bleistift vorgezeichnet waren (Abb. 6). Diese Federzeichnungen mögen noch eine Reminiszenz an das Studium der Rubens- oder Rembrandt-Blätter in Berlin gewesen sein, die oft Sepiazeichnungen darstellen. Blickt man dann auf

Abb. 7
Hans Purrmann,
Stehender weiblicher Rückenakt, um 1908/10,
Tusche auf Bütten,
30 x 23 cm, Privatbesitz

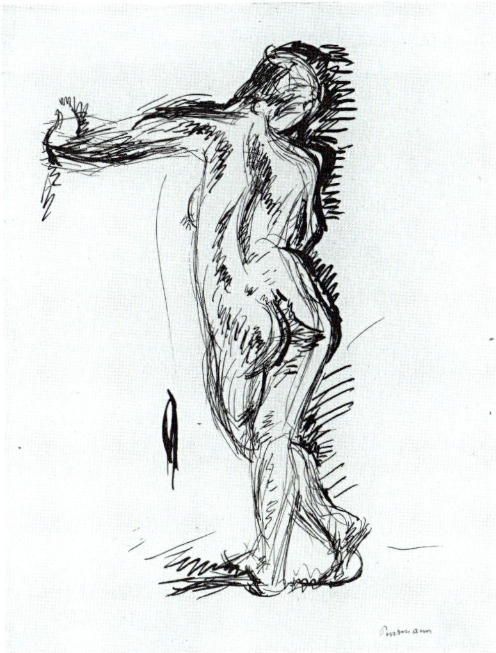

Akt-Zeichnungen in Kohle oder Bleistift, die nur wenig später um 1908/10 unter Anleitung von Matisse entstanden (Abb. 7), kann man in der Tat von einer Befreiung der Hand und des Stils Purrmanns sprechen. Für diese Erfahrung dankte Purrmann dem Franzosen ein Leben lang.

ANMERKUNGEN

1 Vgl. Brief Nr. 17.

2 Vgl. Lenz/Billeter 2004, S. 23.

3 »Der Bethlehemitische Kindermord« von 1632; Lenz/Billeter 2004: 1915/19; »Bildnis Helene Fourment mit Sohn Albert« von 1635: Heilmann 1981: 27.

4 Von Rubens beispielsweise befinden sich dort noch heute Federzeichnungen, überwiegend Entwürfe zu Figurenkompositionen.

5 Ein bisher unbekannter Aufenthalt in Freiburg i.Br. im September 1896 lässt sich notieren.

6 Vgl. Göpel 1961, S. 93 (In der Werkstatt Matisse, 1922).

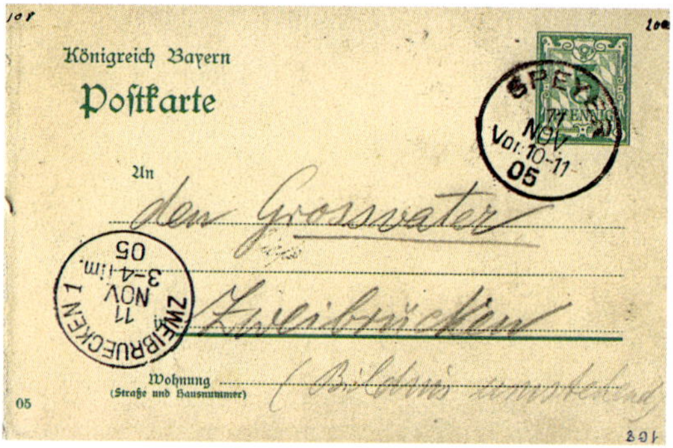

Abb. 1
Wilhelm Wittmann,
An den Großvater
in Zweibrücken,
11.11.1905,
Postkarte,
9 x 14 cm,
Privatbesitz

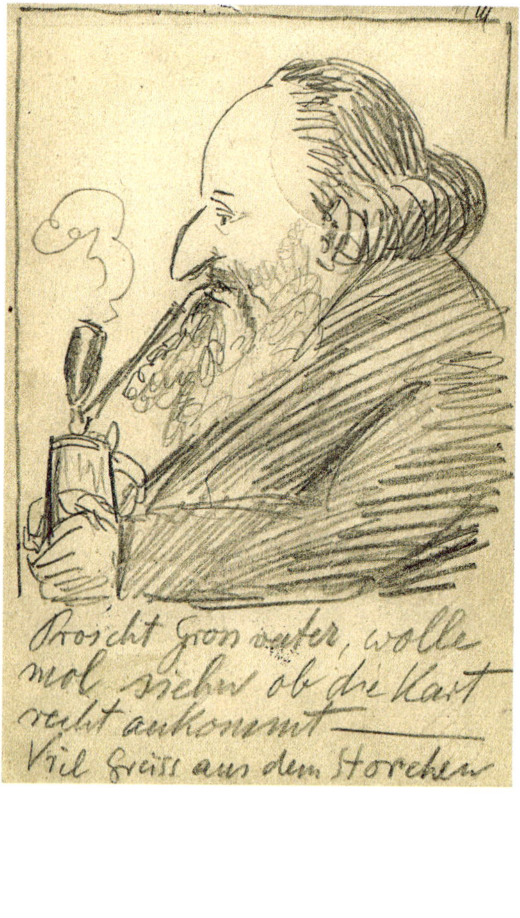

Abb. 2
Wilhelm Wittmann,
Karikatur des Großvaters, 1905, Bleistiftzeichnung auf Postkarte, 14 x 9 cm,
Privatbesitz
(Rückseite von Abb. 1)

Die Karikaturen Wilhelm Wittmanns

Adolf Leisen

Wo Wilhelm Wittmann sich auch aufhielt, überall zeichnete er mit flinkem Stift oder schneller Feder. Sogar bei den juristischen Vorlesungen in der Universität blieben die Professoren und Mitstudenten nicht verschont; manchmal entwarf er die »Charakterköpfe« schnell auf einem Löschblatt, wenn er kein Papier zur Verfügung hatte.

Uns liegen etwa 120 Postkarten vor, auf denen er Szenen, besonders aus dem Familienleben, in spielerischer Weise festhielt. In der Regel richten sich diese an Verwandte und Freunde und informieren die Adressaten über seine baldige Ankunft, über ein Ferienerlebnis oder sie enthalten einen Glückwunsch, wie etwa zum Namenstag. Eine Kuriosität stellt die Postkarte an den »Großvater in Zweibrücken« dar. Außer dieser Anschrift auf der Vorderseite zeigt die Rückseite eine karikierende Darstellung des Großvaters von Wittmann, des Bildhauers Blum aus Zweibrücken. Die Post war damals im Jahre 1905 so findig, dass diese Karte beim Adressaten ankam (Abb. 1, 2). Der Großvater spielte für Wittmann überhaupt eine große Rolle, denn immer wieder erschien sein »Konterfei« auf den Postkarten oder wenigstens war von ihm die Rede.

Wittmann liebte es, seine Verwandten zu necken. Darunter hatten besonders seine Schwester Emmy und ihre Freundinnen zu leiden. Das Foto zeigt Emmy im Kreis ihrer Freundinnen im Jahr 1903 (Abb. 3). Wittmann karikierte sie als schnatternde Gänschen; daraus wird dann »Das Kränzchen ›Immergrün‹ in 25 Jahren« (Abb. 4) und schließlich die »Drachenburg« der alten Damen (Abb. 5). Wilhelm Wittmann selbst war nie Soldat, wohl aber sein Bruder, der zu den Pionieren einrücken musste. Wilhelm ließ es sich nicht entgehen, dessen militärisches Dasein zu schildern (Abb. 6). Diese Karikaturen sind jedoch weit von einer Kritik am herrschenden Militarismus der Zeit entfernt; eher könnten sie einer Art »Bierzeitung« entnommen sein.

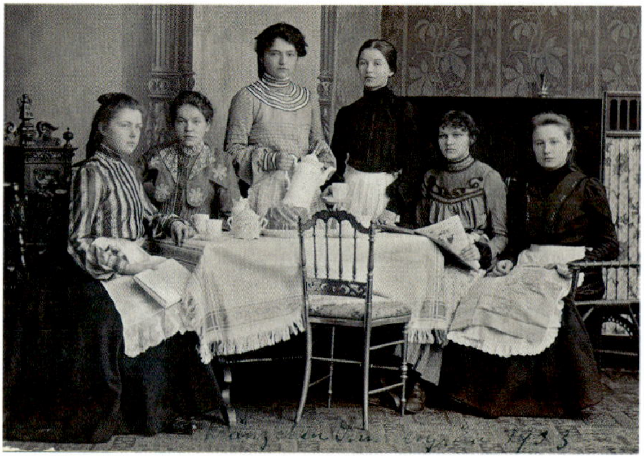

Abb. 3
Wilhelm Wittmanns Schwester Emmy im Kreis ihrer Freundinnen, 1903

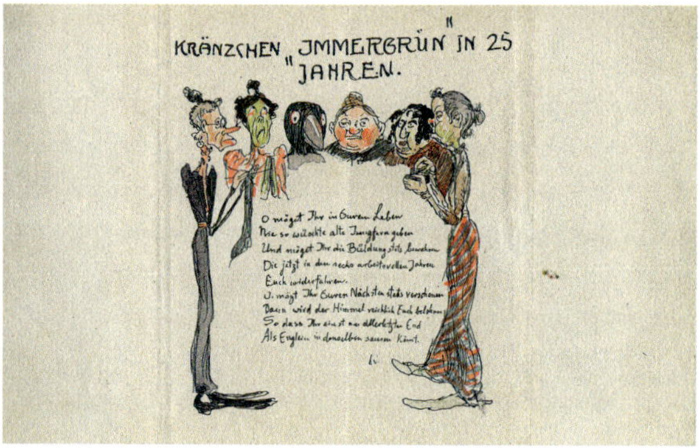

Abb. 4
Wilhelm Wittmann, Kränzchen »Immergrün« in 25 Jahren, 1903, kolorierte Federzeichnung auf Postkarte, 9 x 14 cm, Privatbesitz

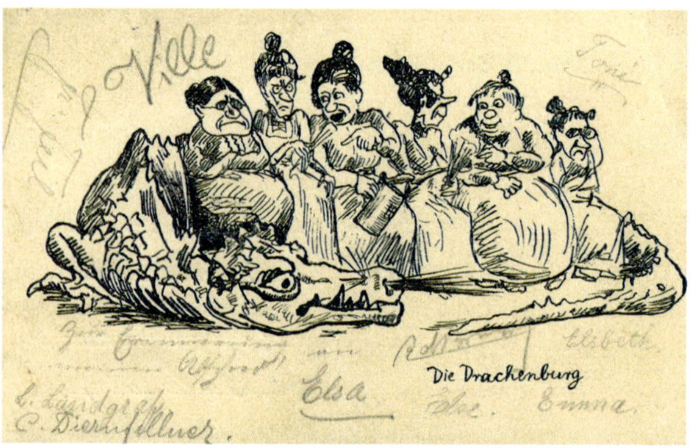

Abb. 5
Wilhelm Wittmann, Die Drachenburg, 1903, kolorierte Federzeichnung auf Postkarte, 9 x 14 cm, Privatbesitz

Wie gerne Wittmann in den Ferien nach Hause kam und wie eng er mit seiner Familie verbunden war, stellt er uns mit verschiedenen Karten vor, die seine Ankunft zu Hause zeigen. So etwa, wenn es die Trommler verkünden (Abb. 7) oder der Kandidat auf einem Gefährt, das von zwei Schweinen gezogen wird, heranrauscht (Abb. 8). Ein anderes Mal kommt er als Vogelscheuche mit einem Buch mit dem Titel »Weisheit I. Teil« daher (Abb. 9). Mit einem weiteren großen Buch »Weisheit II. Teil« und einem großen Korb auf dem Rücken reitet er in einer anderen Karikatur daher (Abb. 10). In der rechten Hand hält er die spitze Feder und in der Linken einen Bierkrug sowie ein Buch mit dem Titel »Nationalliteratur«.

Über den Besuch bei seinen Verwandten im nahen Haßloch, damals noch ein Bauerndorf, erfahren wir zwei lustige Anekdoten: Wittmann verirrt sich auf dem Wege und übernachtet im Wald und er macht sich als »Schweine- und Gänsehirt« nützlich. (Abb. 11)

Eine »elegante Photographie« (Abb. 12) zeigt ihn mit seiner Braut Franziska Puder; damit gratulierte er seinem Großvater zum Namenstag. Aus dem »Familienleben« berichtet er uns im Gruß vom 23. Juni 1908 (Abb. 13): Wittmann wird als braver Ehemann von seiner »Ehefurie« bedroht. Die Ehe war übrigens glücklich; vielleicht konnte er gerade deswegen auch hier seiner Lust zur Karikatur nachgehen.

Zwischen den Karikaturen von Wilhelm Wittmann und Hans Purrmanns ernsthafter künstlerischer Ambition gibt es keine Verbindung. Die Freunde bewegen sich in unterschiedlichen Lebenswelten, auf verschiedenen Ebenen. Aber Hans Purrmann genoss diese humoristische Welt seines Freundes. Vielleicht war es das pfälzische Temperament mit seinem Hang zur »Leichtigkeit des Seins«, das beide aneinander schätzten; in ihrem Kreis wurde viel gelacht und gescherzt. Die Kunst, von der beide besessen waren, trat dann für den Augenblick zurück.

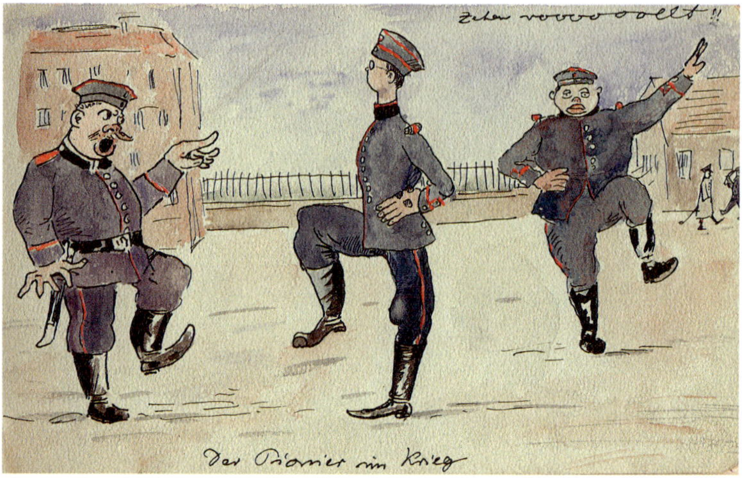

Abb. 6 Wilhelm Wittmann, Der Pionier im Krieg, 1906, kolorierte Federzeichnung auf Postkarte, 9 x 14 cm, Privatbesitz

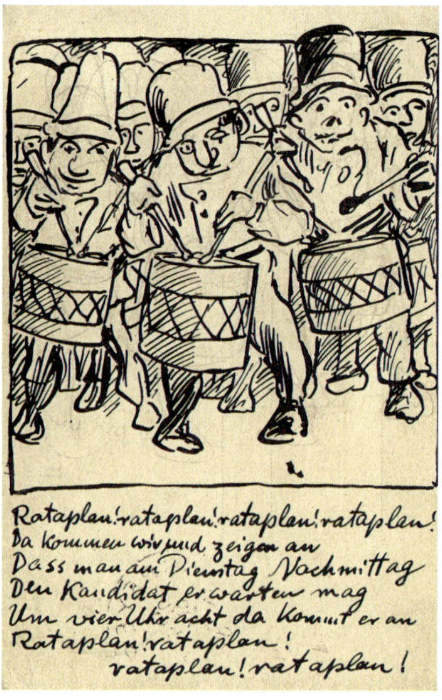

Abb. 7
Wilhelm Wittmann,
Trommelwirbel, um 1902,
Federzeichnung auf Postkarte,
14 x 9 cm, Privatbesitz

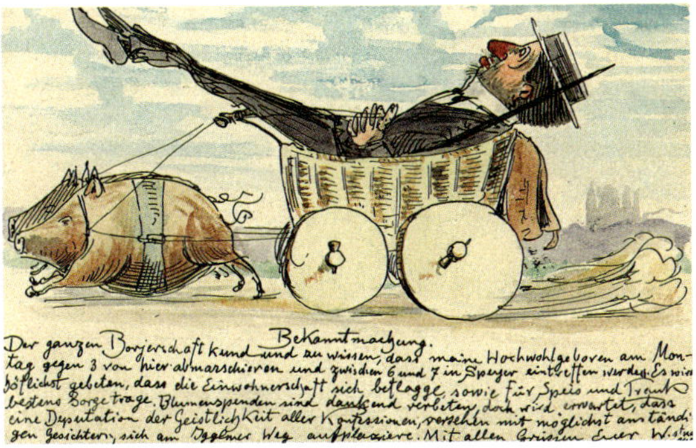

Abb. 8
Wilhelm Wittmann,
Bekanntmachung,
um 1899, kolorierte Federzeichnung auf Postkarte,
9 x 14 cm,
Privatbesitz

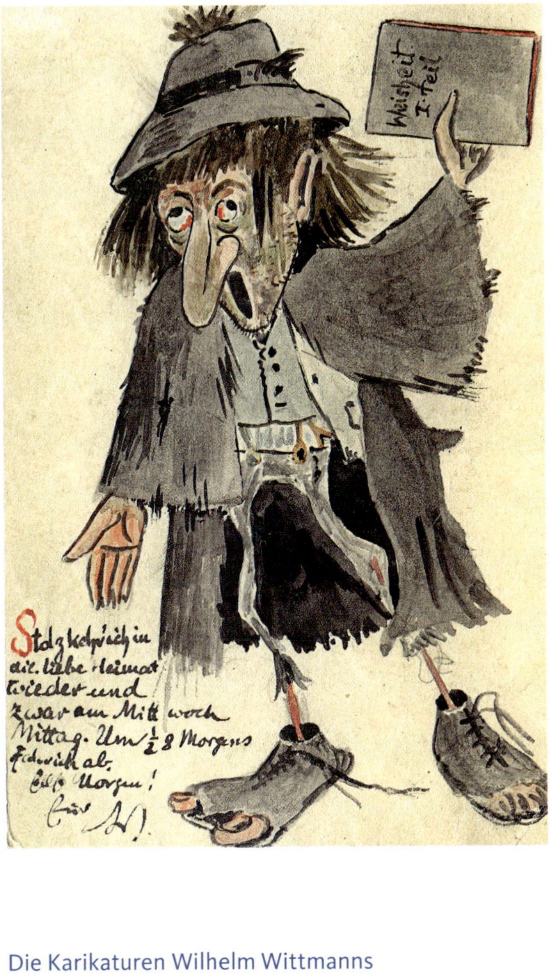

Abb. 9
Wilhelm Wittmann,
Weisheit I. Teil,
um 1900,
kolorierte Federzeichnung
auf Postkarte,
14 x 9 cm,
Privatbesitz

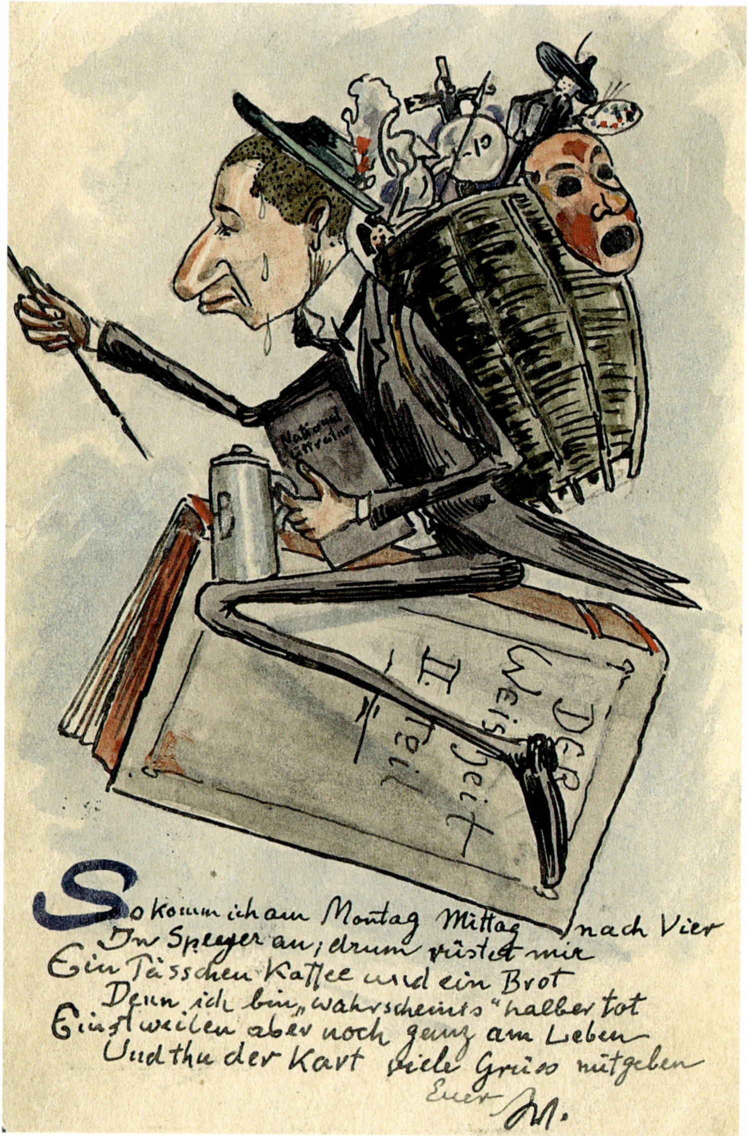

Abb. 10 Wilhelm Wittmann, Weisheit II. Teil, um 1902, kolorierte Federzeichnung auf Postkarte, 14 x 9 cm, Privatbesitz

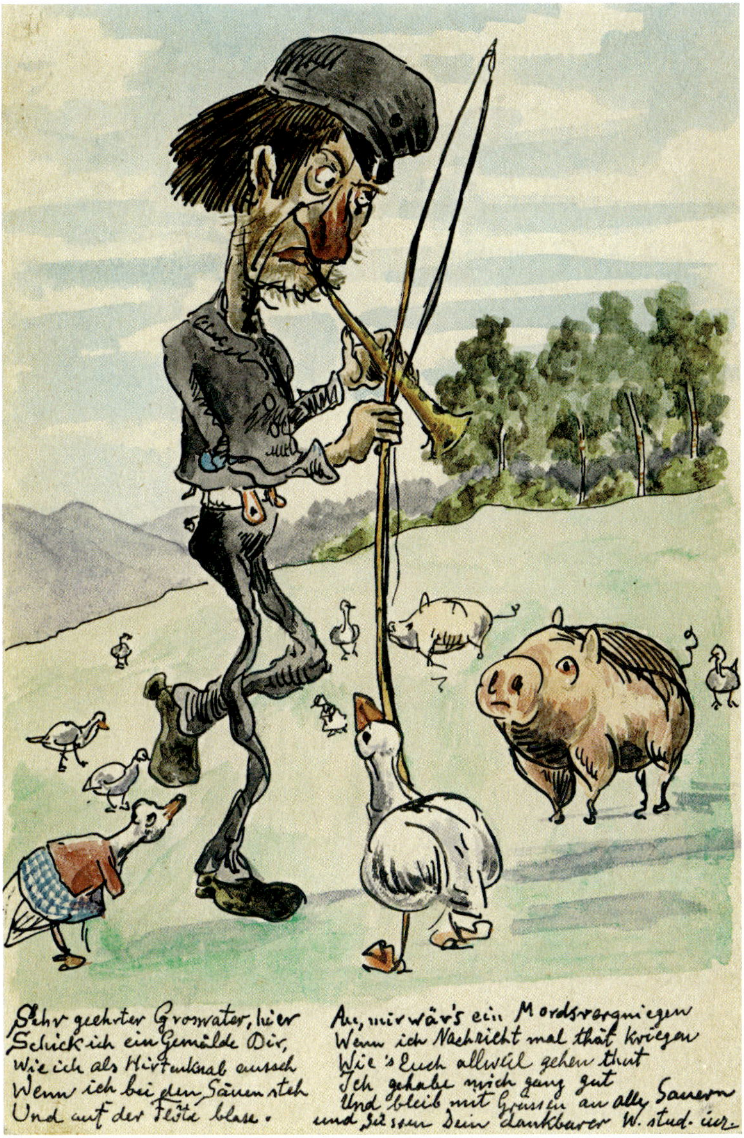

Abb. 11 Wilhelm Wittmann, Schweine- und Gänsehirt, 1899, kolorierte Federzeichnung, 14 x 9 cm, Privatbesitz

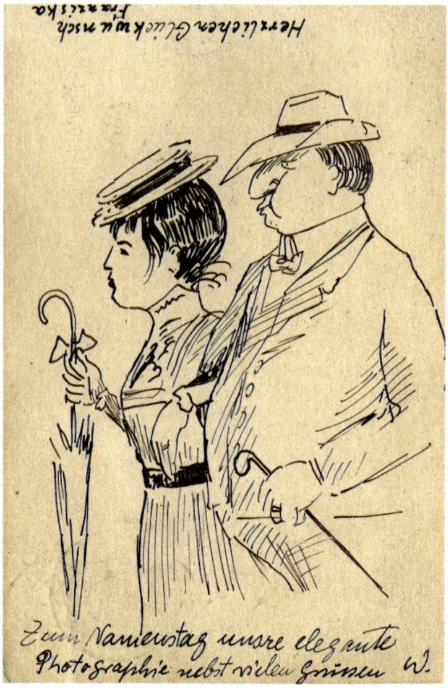

Abb. 12
Wilhelm Wittmann,
Elegante Fotografie 1906,
Federzeichnung auf Postkarte,
14 x 9 cm, Privatbesitz

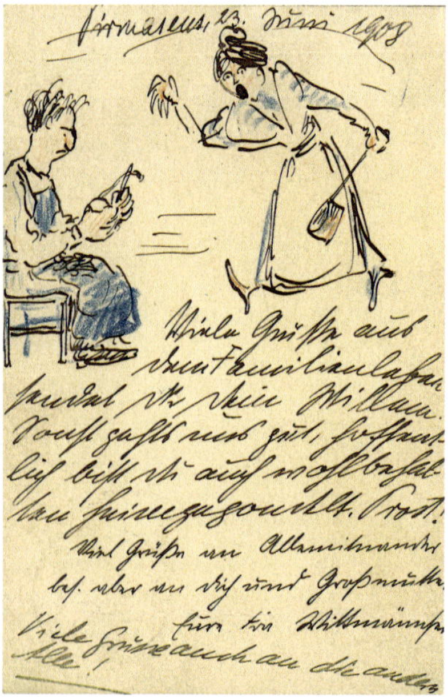

Abb. 13
Wilhelm Wittmann,
Grüße aus dem Familienleben,
23.6.1908, kolorierte Federzeichnung
auf Postkarte, 14 x 9 cm,
Privatbesitz

Anhang

Ausgewählte Rezensionen Wittmanns

Rezension 1905

»Ein klein bißchen von dem guten Onkel hat auch die neu eröffnete Ausstellung des Pfälzischen Kunstvereins noch an sich, doch treten die weniger bedeutenden Bilder vollständig zurück vor den Arbeiten des Künstlers, dem die Ausstellungsleitung den größten Raum zugewiesen hat, vor der Kollektivausstellung des Berliner Malers Hans Purrmann, eines geborenen Speyerers.

Mit der Vorführung einer so großen Anzahl von Gemälden dieses Künstlers hat der Pfälzische Kunstverein bewiesen, daß er seine Aufgabe ernster und sachverständiger auffaßt, als die Mehrzahl seiner oben geschilderten Kollegen. Die Kunst Hans Purrmanns ist in keiner Weise geeignet, die Ansprüche eines Durchschnitts-»Kunstfreundes« zu befriedigen, eher dazu angetan ein Publikum, das in kleinen Städten fern von der frisch treibenden Entwicklung der Künste lebt, zu verblüffen und scheu zu machen. Umso mehr Anerkennung verdient deshalb das Vorgehen des Kunstvereins.

Es ist hier nicht der Ort, die rein malerische Bedeutung der Leistungen Hans Purrmanns anzudeuten, die auf seine Kunst darzulegen oder gar die Hoffnungen anzudeuten, die auf seine Kunst von den angesehensten Kennern gesetzt werden. Diese Zeilen sollen nur ein kleiner Führer für die Besucher der Ausstellung sein und ein Bericht über die Werke eines hervorragenden Sohnes der Pfalz für diejenigen, welche die Bilder selbst nicht sehen können.

Hans Purrmann ist ein leidenschaftlicher Vertreter des Impressionismus, ein Bewunderer und Schüler Liebermanns und der großen Franzosen Manet und Monet. Seine Bilder erzählen keine Geschichten, rühren nicht und blenden nicht, sondern geben nur rein und unverfälscht die Eindrücke wieder, die ein klares, feines Auge von der Natur empfing. An einem Bilde ist der Unterschied der impressionistischen Malerei von der übrigen Malerweisen leicht deutlich zu machen: ein blühender Baum – die andern zeichnen Blättchen für Blättchen, Zweiglein für Zweiglein, darüber ein sorglich ausgetupfeltes Netz kleiner Blütchen, der Impressionist dagegen will nur den Eindruck des Blütenbaumes auf die Leinwand bannen, die Farbe, die Form, wie sie auf das körperliche Auge in Wahrheit trifft, und er läßt alles weg, was man nur bei genauer Betrachtung als Einzelheit findet und was der Verstand sich nach der Erfahrung hinzudenkt.

So schildert uns Purrmann auf seinem Bild »Blühende Pfirsichbäume« ohne jede widerliche Süßigkeit, ohne alle die üblichen billigen Hilfsmittel den prachtvollen Frühling, den Frühling der Vorderpfalz besonders, wie sie mit einem Male die Tausende lieblich roten und weißen Blüten aus den schwarzen Zweigen, dicht gehäuft, so daß die kleinen grünen Blätter noch ganz schüchtern zurückstecken müssen. Über dem Pfirsichfeld vor einem Gartenhaus ein alter Mandelbaum, dessen Blüten in dem hellen Himmel sich mischen – wie schlicht und einfach ist das alles gemalt, und doch die ganze zukunftsfrohe Lenzesluft strömt uns daraus entgegen. Den Höhepunkt der Kollektion bildet ein wunderbar gemalter weiblicher Akt; da ist keine Helena, keine Kassandra, keine Venus – nur ein zarter, wahrhaft keuscher Mädchenleib, so lebendig hingesetzt, daß man das leise Beben des warmen Fleisches zu sehen glaubt. Ein guter Zufall hat es gefügt, daß zu der gleichen Zeit, im oberen Saale ein zweiter Akt ausgestellt ist; die Trefflichkeit des Purrmannschen Gemäldes kann man nicht deutlicher und leichter erkennen, als wenn man die beiden Akte vergleicht. Jene Dame, deren Rücken wir bewundern dürfen, scheint aus Eichenholz oder sonst einem festen toten Material gebildet und mit dicker, trüber Ölfarbe angestrichen zu sein. – Purrmanns Bild aber entzückt das Auge durch die erlesene, seine Zusammenstellung heller, duftiger, überzeugender Farbtöne, die uns die schwarzrote Decke, die rosigweißen Glieder darauf, den großartig im Hintergrund (allein für sich ein Meisterstück) vorzaubern, als wären sie Natur.

Die beiden Porträts an den Seiten des Aktes zeigen, daß ein Bild gerade dann uns am meisten sagt, wenn es garnichts erzählen will. Unübertrefflich launig ist die Charakteristik des wohlbeleibten jungen Herren, der so überaus zufrieden mit seiner Zigarre und den riesigen Manschettenknöpfen am Tische sitzt, neben der dickgebauchten, goldbronzierten Lampe, welche die

Körperformen des Porträtierten mit stiller Komik zu wiederholen scheint. Die lustige Mandoline hängt hinten an der Wand, man vermißt nur eine Flasche guten Weines auf dem Bild, doch denkt man gleich: Er muß sie schon getrunken haben, sonst könnte er nicht so zufrieden sein. Sieht man den Pfälzer Bürgersmann mit überlegenem verstehendem Humor behandelt, so glaubt man kaum, daß das »Porträt einer Böhmin« von derselben Hand herrühren könnte. Eine rassige Schönheit, schwarzhaarig, launenhaft und keck; eine Skizze nur, eine Skizze jedoch, die den vollen Reiz des ersten bedeutenden Eindrucks wiedergibt und die man deshalb nie weiter ausgeführt wünschte. Man fühlt, die Porträtähnlichkeit muß überraschend sein, aus den großen, vorstehenden Augen glänzt einem die ganze flotte und oberflächliche, stolze und zutrauliche Sinnesart der Tschechin entgegen.

Auch das dritte Bildnis, die junge Dame mit Mandoline, ist sehr interessant. Die träumerischen Augen, der dunkelschwarze Samt des Gewandes und die sonst gebeugte Haltung ergeben ein Bild schöner Schwermut, das sich dem Gedächtnis tief einprägt.

Es ist schade, daß die »Rheinallee«, ein Muster moderner, gesunder Landschaftsmalerei, bereits, wie wir lasen, nach Norddeutschland verkauft ist. Die kräftige Kastanienallee zwischen dem Speyerer Dom und der Schiffsbrücke ist dargestellt, an einem prall heißen Sommermorgen, wo von dem Freien draußen Lichtfluten hereinbrechen, während im Schatten noch Kühle wohnt; durch die grüne Zweige schimmern die Sonnenstrahlen, sie werfen leuchtende Streifen über den silbergrauen Boden; in der Ferne, wo die Allee schließt, kocht die zitternde Luft über dem Strom; als Teile der Landschaft treten der Landschaft treten einige Menschengestalten auf, ein rosafarbenes Damenkleid, die Gruppe eines Kinderwagens, ein tiefschwarzer, schreitender Mann.

Das Gegenstück zu diesem Preislied auf Luft und Sonnenschein ist eine Szene aus dem Essener Hüttenwerk: Arbeiter in groben Gewändern, knochig und ehern wie Kyklopen, in einer mächtigen, dampferfüllten Halle, glühende Eisen ablöschend, daß der unheimliche, bläuliche Qualm sie umweht wie der Brodem die Hölle; tief im Hintergrunde lodert der Brand der Hochöfen – das Problem der Wiedergabe des düsteren Innenraumes, aus dem einzelne lichte Stellen, wie die hellen Ärmel der Arbeiter und die ersterbende Röte der Eisenbarren sich hervorheben, ist hier glänzend gelöst. – Dasselbe gilt von der »Metzgerei«, einem seltsamen Vorwurf, der irgendeinem Kritikus, als das Bild zum ersten Mal in der Münchener Sezession ausgestellt war, mit Entsetzen und Schaudern erfüllte. Der gute Mann wußte wohl nicht, daß Rembrandt drei – oder viermal einen geschlachteten Ochsen gemalt hat. Purrmann behandelt überdies seinen Gegenstand mit einer solchen Delikatesse des Geschmacks, daß jeder normale Mensch seine Freude dran haben muß. Unermüdlich geht der Maler den mannigfaltigen Erscheinungen des Lichtes nach. In dieser Hinsicht bemerkenswert sind ein als Sonnenfleckenstudie gedachtes Selbstporträt und die Skizze »Der Zeitungsleser«, dieser bei trübem Wetter gemalt. Besonders die Zeitung ist hier außerordentlich gelungen: in der Nähe gesehen ein Gewirr der verschiedensten Farben, zwei drei Schritte entfernt glaubt man die gedruckten Zellen zu sehen.

Ein ähnliches Motiv ist in den »Zeitungsleserinnen«, einem Gemälde großen Formats, behandelt. Im Schatten eines hohen Hauses sitzen vornehme Damen in eleganten Sesseln am Kaffeetisch, die eine liest, die andere, eine rundliche Matrone, schenkt sich noch ein Täßchen ein, eine Dienerin geht über den freien Platz, im Hintergrund öffnet sich ein Ausblick auf die von der farbigen Abendsonne bestrahlten Büsche des Parkes, zwischen denen eine helle Frauengestalt hervortritt. Kaum je haben wir eine edle Behaglichkeit einfacher und nobler dargestellt gesehen als auf diesem wahrhaft herzerquickenden Gemälde.

Denselben Herrschaftspark schildern die »Sonnenflecken«, gleich der »Allee« eine Darstellung der starken Morgensonne, wie sie durch das Blätterdach der Bäume sich stiehlt und phantastische, bunte Kreise auf den Boden malt. Man muß sich freuen, mit welcher Begeisterung und zugleich mit restlosen Gewissenhaftigkeit der Maler die Wirkungen der Sonne studiert.

An letzter Stelle seien von den Purrmannschen Bildern »Die Fahnen« genannt, die Speyerer Domstraße im Fahnenschmuck – eine Skizze nur, und doch vielleicht der entzückendste Erfolg von Purrmanns Kunst. Wenn man die Skizze aus allzu großer Nähe betrachtet, erkennt man nur Striche und Klexe, tritt man aber ein wenig zurück, so vergißt man völlig, daß die Straße nur gemalt ist – man erwartet, daß die Leute sich bewegen, daß die blauweißen, schwarz-weiß-roten und rot-weißen Fahnen flattern, daß der Omnibus vor dem Hotel davonfährt – fröhliche, helle Festesstimmung könnte nicht wohltuender, nicht freier und natürlicher gegeben werden. – Um unpassende Nachbarschaft fernzuhalten, so scheint es hat Purrmann seinen

Hauptsaal mit einigen japanischen Farbholzschnitten, von Kuniyassu, Hiroshiga und anderen ausgeschmückt.*

* Vollständig in: Wittmann 1926a, S. 399–405.

Rezension 1907

»Unser Landsmann Hans Purrmann, der seit zwei Jahren in Paris lebt, hat sich auf der Ausstellung der Berliner »Sezession« einen außerordentlichen Erfolg errungen. Die Berliner »Sezession«, die angesehenste Künstlergenossenschaft Deutschlands, an deren Spitze Max Liebermann steht und die unter ihren etwa 80 Mitgliedern Künstler wie Thoma, Slevogt, Trübner und Corinth zählt, erwies Purrmann, wie aus dem Ausstellungskatalog hervorgeht, trotz seiner Jugend bereits, die von den meisten Malern erfolglos angestrebte Ehre, ihn zum ordentlichen Mitglied zu wählen. Nun bringt die »Sezession« vier Bilder von Purrmann, welche von einem Teil des Publikums und der Presse, der allem großen Neuen ratlos und verständnislos gegenübersteht, mit einem erfreulichen Wutgeschrei begrüßt, von den besten Kennern und bedeutenden Kritikern aber auf höchste bewundert und eifrig besprochen werden. Es befindet sich unter den Gemälden auch ein Bild der Speyerer Rheinbrücke im Schnee; es ist schade, daß auch dieses Bild nicht in Speyer bleiben konnte, sondern gleich der prächtigen »Rheinallee« in norddeutsche Hände kam. Ein großer Akt einer liegenden Frau, wie wir aus der Ausstellung hörten, um 1000 Mark an Professor Emil Orlik vom Kgl. Kunstgewerbemuseum verkauft, was für Purrmann eine schmeichelhafte Anerkennung bedeutet. Auch die beiden anderen Gemälde, der »Pont Neuf« in Paris mit dem Getriebe der Wagen und Menschen, und eine Landstraße fanden bereits ihren Käufer.«**

** In: Wittmann 1926a, S. 416.

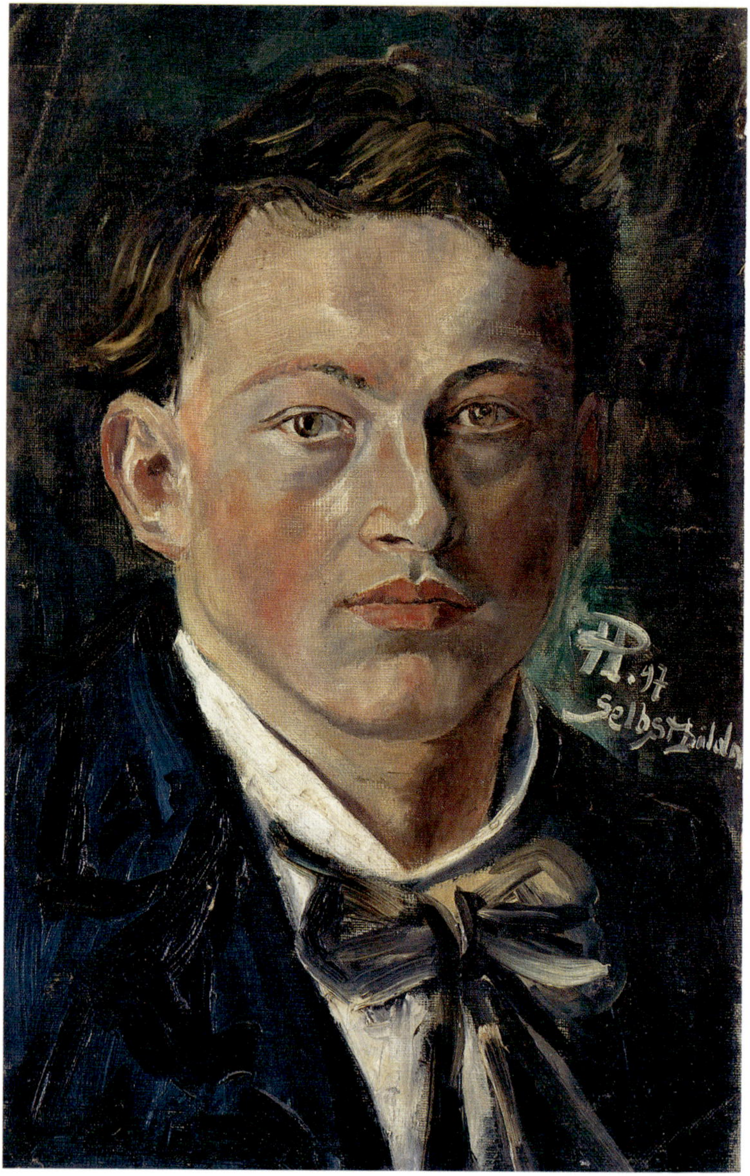

Hans Purrmann, Selbstbildnis, 1897, Öl auf Leinwand, 30 x 24 cm, Stadt Speyer

Kurzbiografien

Hans Purrmann

1880 Am 10. April wird Hans Marsilius Purrmann in Speyer als erster Sohn des Malermeisters Georg Purrmann (1846–1900) geboren.

1895–1897 Ausbildung an der Kunstgewerbeschule in Karlsruhe.

1897–1904 Studium an der Akademie in München (bei Gabriel von Hackl und Franz von Stuck).

1905–1914 Übersiedlung nach Paris, wo er mit Matisse und Picasso in Berührung kommt und im Café du Dôme verkehrt.

1912 Am 13. Januar heiratet Purrmann die Malerin Mathilde Vollmoeller.

1914–1916 Purrmann lebt auf dem Landsitz seiner Frau in Beilstein.

1916–1935 Übersiedlung nach Berlin.

1918 Erste Einzelausstellung in der Kunsthandlung Paul Cassirer.

1919 Im Oktober erwirbt Purrmann ein Fischerhaus in Langenargen am Bodensee.

1932 Das Triptychon »Allegorie der Wissenschaft und Künste« wird im Kreistag zu Speyer aufgestellt, kurz darauf beginnt eine diffamierende Debatte.

1935–1943 Purrmann übernimmt die ehrenamtliche Leitung der Villa Romana in Florenz; er gilt als »entarteter« Künstler, seine Werke werden in deutschen Museen beschlagnahmt.

1943 Im Oktober gelingt Purrmann die Flucht in die Schweiz, ab 1944 ist er in Montagnola auf der Collina d'Oro oberhalb von Lugano ansässig.

1944 Purrmann lernt die Teppichweberin Maria Geroe-Tobler kennen, die ihn mit Hermann Hesse bekannt macht.

1950 Verleihung der Ehrenbürgerschaft der Stadt Speyer; Purrmann wird im Kunstmuseum Luzern mit einer großen Ausstellung geehrt.

1957 Verleihung des Ordens Pour le Mérite durch Bundespräsident Theodor Heuss.

1959 Purrmann erleidet während eines Aufenthalts in der Villa Massimo in Rom einen Schlaganfall und ist seitdem auf den Rollstuhl angewiesen.

1962–1965 Purrmann verbringt die Sommermonate in Levanto bei La Spezia an der ligurischen Küste.

1966 Am 17. April stirbt Purrmann in Basel, seine letzte Ruhestätte findet er in Langenargen.

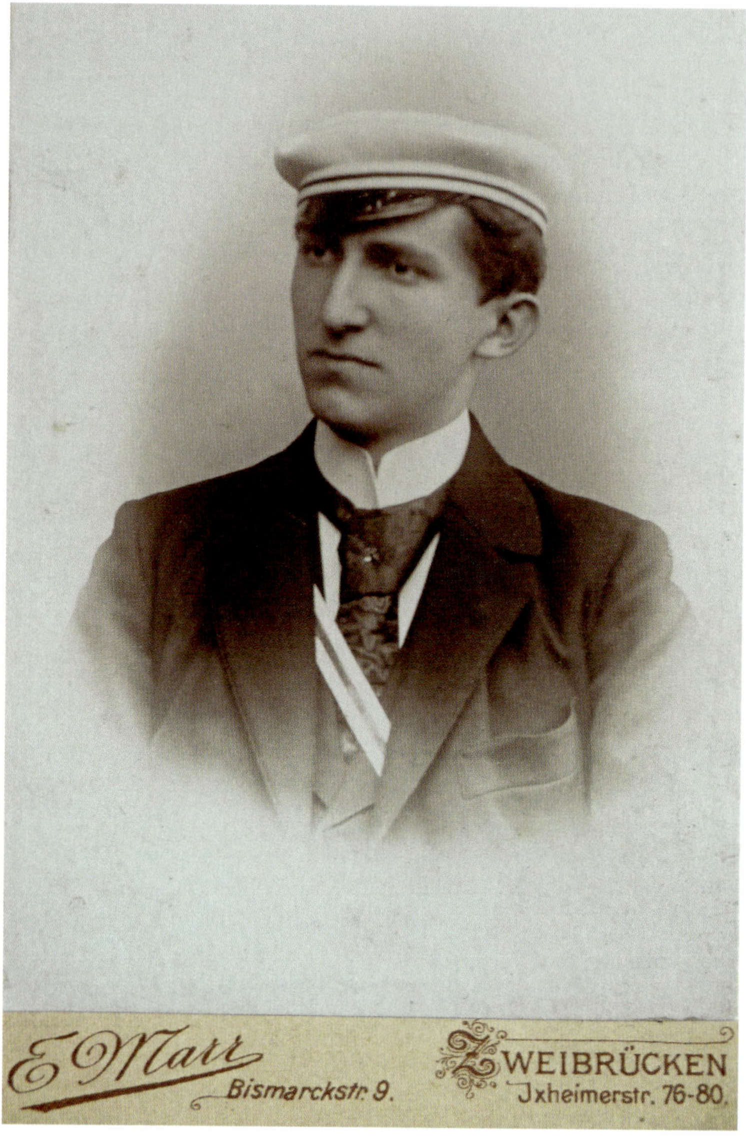

Wilhelm Wittmann, Foto E. Matt, 1899, LBZ/Pfälzische Landesbibliothek, Speyer, N 76

Wilhelm Wittmann

1881 Geboren in Zweibrücken/Pfalz; sein Vater Jakob Wittmann (1898–1923) war Schulrat in Speyer.

1899 Abitur in Zweibrücken; danach Jura-Studium in München, Kiel, Berlin und Würzburg. Freundschaft mit Hans Purrmann.

1903 Militärdienst.

1905 Wittmann unterstützt publizistisch die erste Ausstellung Hans Purrmanns in Speyer. Umfangreiche publizistische und literarische Tätigkeit.

1906 Rechtsreferendar.

1906 Im März besucht Wittmann Purrmann in Paris.

1907 Rechtsanwalt in Pirmasens.

1908 Heirat mit Franziska Puder.

1910 Tod an Diphterie.

Editorische Notiz

Grundlage der Edition der Briefe Hans Purrmanns an Wilhelm Wittmann ist der Bestand im Hans Purrmann Archiv, München, ergänzt durch drei Postkarten aus Privatbesitz (Nr. 1, 19 und 24). Die Gegenbriefe sind nicht bekannt.

Die Briefe stammen aus Purrmanns Jugendzeit. Das erklärt, dass sie sprachlich noch nicht ausgereift sind. Gerade dadurch sind sie auch authentisch. Teils sind sie deftig im Ausdruck und vom pfälzischen Dialekt geprägt, teils lässt die Rechtschreibung noch zu wünschen übrig. Die Interpunktion ist recht willkürlich und Namen sind nicht immer richtig wiedergegeben.

Um den Entwicklungsstand von Purrmanns Sprache nicht zu verfälschen, wird möglichst wenig in den Text eingegriffen und auch die starke Reihung der Sätze durch Kommata anstelle von Satzschlüssen durch Punkt übernommen. Verbesserungen durch Ergänzungen in eckigen Klammern werden nur vorgenommen, wenn sie der Klarheit dienen. Falsche Namensschreibungen werden nur deutlich gemacht, wo das Verständnis betroffen ist. Wo Korrekturen notwendig sind, ist die Originalfassung in der Fußnote dokumentiert. Nur wenige Wörter sind unlesbar. Die Lücke wird durch … gekennzeichnet.

Quellen und Literatur

Ungedruckte Quellen

Hans Purrmann Archiv, München
Purrmann-Haus Speyer
Familiennachlass Wittmann, LBZ/Pfälzische Landesbibliothek, Speyer (Signatur N 76)
Privatarchive

Literatur

Adreßbuch Speyer 1890–1902
Adreßbuch der Kreishauptstadt Speyer am Rhein, Jahrgänge 1890–1902.

Feierstunde 1903
Die Feierstunde. Unterhaltungs-Beilage zur Pfälzischen Presse, Nr. 82 vom 14.10.1903.

Fenske 1983
Fenske, Hans, Speyer im 19. Jahrhundert – 1814 bis 1918, in: Geschichte der Stadt Speyer, Bd. II, 2. Aufl., Stuttgart 1983, S. 115–290.

Gautherie-Kampka 1996
Gautherie-Kampka, Annette, Café du Dôme. Deutsche Maler in Paris 1903–1914. Mit einer Einleitung von Bernd Küster, Bremen 1996.

Göpel 1961
Göpel, Erhard und Barbara, Leben und Meinungen des Malers Hans Purrmann. Anhand seiner Erzählungen, Schriften und Briefe zusammengestellt, Wiesbaden 1961.

Heilmann 1981
Heilmann, Angela, Hans Purrmann: Das druckgraphische Werk, Langenargen 1981.

Jöckle 2001
Jöckle, Clemens, »Bewundert und mürrisch«. Die Studienjahre von Hans Purrmann 1897–1905, in: Mitteilungen des Historischen Vereins der Pfalz 99 (2001), S. 257–291.

Klotz 1971
Klotz, Fritz, Speyer. Kleine Stadtgeschichte, hg. von der Bezirksgruppe des Historischen Vereins der Pfalz, 4. Aufl., Speyer 1971.

Kunrath 1910
Kunrath, R. [Pseud.], in: »Zeitbilder«. Zugleich illustrierte Zeitung für den Fremden- und Touristenverkehr in der Pfalz, Sonntagsbeilage zur »Pfälzischen Presse«, 19. Jg., Nr. 17 vom 29.5.1910.

Leisen 2002
Leisen, Adolf, Kasimir Edschmid und Hans Purrmann. Zeugnisse einer Freundschaft, Sonderausstellung des Purrmann-Hauses in Zusammenarbeit mit der Pfälzischen Landesbibliothek vom 19. Juni bis zum 15. September 2002, zusammengestellt von Adolf Leisen, Speyer 2002.

Leisen 2010
Leisen, Adolf, Der Speyerer Bilderstreit. Die Auseinandersetzungen um das Triptychon Hans Purrmanns im Kreistagssaal zu Speyer, Speyer 2010.

Lenz 2006
Lenz, Christian, Hans Purrmann, Im Kräftespiel der Farben. Gemälde – Aquarelle, mit Beiträgen von Felix Billeter und Ralph Melcher. Ausstellungskatalog Kunsthalle Tübingen/ Saarlandmuseum Saarbrücken/Stiftung Schleswig-Holsteinische Landesmuseen, Schloss Gottorf/Kloster Cismar, München 2006.

Lenz/Billeter 2004
Lenz, Christian/Billeter, Felix, Hans Purrmann, Die Gemälde. Werkverzeichnis, Bd. 1, 1895–1934, München 2004.

Purrmann-Haus Speyer 2012
Purrmann-Haus Speyer. Werke des Künstlerehepaars Hans Purrmann und Mathilde Vollmoeller-Purrmann, mit Beiträgen von Adolf Leisen, Maria Leitmeyer und Jürgen Vorderstemann, Speyer 2012.

Roland 1969
Roland, Berthold, Hans Purrmann-Preis 1969, Vortrag zur Verleihung am 26. April 1969, Speyer 1969 [ohne Seitenzählung].

Schubert 1983
Schubert, Dietrich, Die Beckmann-Marc-Kontroverse von 1912. »Sachlichkeit« versus »Innerer Klang«, in: Hüppauf, Bernd [Hg.], Expressionismus und Kulturkrise, Heidelberg 1983, S. 207–244.

Vinnen 1911
Quousque tandem, in: Ein Protest deutscher Künstler. Mit einer Einleitung von Carl Vinnen, S. 2–16, Jena 1911.

Vollmoeller 1982
Vollmoeller, Heidi, Erinnerungen an Onkel Hans. In: (1880–1966). Malerei, Graphik, Zeichnungen, Plastik; [zur Ausstellung »Hans Purrmann (1880–1966). Malerei, Graphik, Zeichnungen, Plastik«, 16.4. bis 13.6.1982, Berlin] / Akad. d. Künste d. Dt. Demokrat. Republik. [Katalogbearb., Bibliogr. Horst-Jörg Ludwig], Berlin (Ost) 1982.

Vorderstemann 2008
Vorderstemann, Jürgen, Kunststudent Purrmann im Münchner Faschingstreiben, in: Speyer. Das Vierteljahrsheft des Verkehrsvereins in Zusammenarbeit mit der Stadtverwaltung. Sommer 2008, S. 17–18.

Wingerter 1951
Wingerter, Lorenz, »Durch blaue Tiefen kann ich weithin sehen …«. Wilhelm Wittmann zum 70. Geburtstag, in: Pfalz und Pfälzer 2, 1951, Heft 7, S. 8.

Wittmann 1903
Wittmann, Wilhelm, Ein neues Lied in zehn Gedichten, Würzburg 1903.

Wittmann 1904
Wittmann, Wilhelm, Der Eigentumsanspruch, Diss. Würzburg 1904, Speyer 1904.

Wittmann 1909
Wittmann, Wilhelm, Die Studenten, München 1909.

Wittmann 1914/17
Wittmann, Wilhelm, Das unsterbliche Fähnlein und andere Geschichten, Zweibrücken 1914/17.

Wittmann 1926a
Wilhelm Wittmanns Gesammelte Schriften. Dem Frühvollendeten zum Gedächtnis, hg. von seinem Vater [Jacob Wittmann], Speyer 1926.

Wittmann 1926b
Wittmann, Wilhelm, Nachgelassene Gedichte, hg. und verlegt von J. Wittmann, Speyer 1926.

Wittmann 1929
Wittmann, Wilhelm, Das unsterbliche Fähnlein, in: Palatina. Beiblatt zur Pfälzer Zeitung. Nr. 9 und 10, 1929.

Wittmann J. 1929
Wittmann, Jacob: Der pfälzische Schriftsteller Wilhelm Wittmann. (Einführung in dessen Leben und literarisches Vermächtnis), in: Palatina. Beiblatt zur Pfälzer Zeitung, Nr. 8 vom 21.2.1929.

Register (Namen und Orte)

Abbildungsnachweis

Druckmedien Speyer GmbH: S. 31–35, 50, 120, 122, 124–128. – Gerhard Kayser, Speyer: S. 66 oben. – Hans Purrmann Archiv, München: S. 6, 28, 42, 58, 61, 66 unten, 69, 75, 79, 84, 98, 112, 113, 115–119, 134. – Stadtarchiv Speyer: S. 41. – Repro: Jürgen Vorderstemann: S. 10, 12–17, 19, 20, 26, 36, 47, 53, 64, 71, 87, 91, 95, 106, 110, 136.

Impressum

Bibliografische Informationen der Deutschen Nationalbibliothek
Die Deutsche Nationalbibliothek verzeichnet diese Publikation in der Deutschen Nationalbibliografie; detaillierte bibliografische Daten sind im Internet über http://dnb.d-nb.de abrufbar.

Lektorat: Isabella Krüger, Deutscher Kunstverlag; Mitarbeit Laura Posset
Umschlaggestaltung: Edgar Endl, Deutscher Kunstverlag
Satz und Layout: Deutscher Kunstverlag
Repro: Birgit Gric, Deutscher Kunstverlag
Druck und Bindung: Grafisches Zentrum Cuno, Calbe

Schriften: Minion und Kievit

Paul-Lincke-Ufer 34
D-10999 Berlin
www.deutscherkunstverlag.de
ISBN 978-3-422-07236-7